영어 리딩 학습의 ~~~~~~~~~~ 해력 향상에 있습니다.

학년이 올라갈수록 영어 시험 출제의 비중이 높아지는 논픽션. 우리는 논픽션 리딩을 통해 다양한 분야의 어휘와 지식을 습득하고 문제 해결 능력을 키울 수 있습니다. 또한 생활 속 실용문과 시험 상황의 복잡한 지문을 이해하고 분석하며, 나에게 필요한 정보를 추출하는 연습을 할 수 있습니다. 논픽션 독해력은 비판적 사고와 논리적 사고를 발전시키고, 영어로 표현된 아이디어를 깊이 있게 이해하고 효과적으로 소통하는 언어 능력을 갖출 수 있도록 도와줍니다.

미국교과서는 논픽션 리딩에 가장 적합한 학습 도구입니다.

미국교과서는 과학, 사회과학, 역사, 예술, 문학 등 다양한 주제의 폭넓은 지식과 이해를 제공하며, 사실을 그대로 받아들이는 능력뿐만 아니라 텍스트 너머의 맥락에 대한 비판적 사고와 분석 능력도 함께 배울 수 있도록 구성되어 있습니다. 미국 교과과정 주제의 리딩을 통해 학생들은 현실적인 주제를 탐구하고, 아카데믹한 어휘를 학습하면서 논리적 탐구의 방법을 함께 배울 수 있습니다. 미국교과서는 논픽션 독해력 향상을 위한 최고의 텍스트입니다.

탁월한 논픽션 독해력을 원한다면
미국교과서 READING 시리즈

① 미국교과서의 핵심 주제들을 엄선하여 담은 지문을 읽으며 **독해력**이 향상되고 **배경지식**이 쌓입니다.

② 가지고 있는 지식과 새로운 정보를 연결해 내 것으로 만드는 **통합사고력**을 기를 수 있습니다.

③ 꼼꼼히 읽고 완전히 소화할 수 있도록 하는 수준별 독해 훈련으로 **문제 해결력**이 향상됩니다.

④ 기초 문장 독해에서 추론까지, 학습자의 **수준별로 선택하여 학습**할 수 있도록 난이도를 설계하였습니다.

⑤ 스스로 계획하고 점검하며 실력을 쌓아가는 **자기주도력**이 형성됩니다.

Author Soktae Oh

For over 20 years, he has been developing English educational reference books for people of all ages, from children to adults. Additionally, he has been establishing a strong reputation in the field of teaching English, delivering engaging and enlightening lectures that delve deep into the essence of the language. Presently, he is actively working as a professional author, specializing in English content development.

미국교과서 **READING LEVEL 4 ❸**
American Textbook Reading *Second Edition*

Second Published on December 12, 2023
First Published on June 19, 2015

Written by Soktae Oh
Editorial Manager Namhui Kim
Development Editor LIME
Proofreading Ryan P. Lagace, Benjamin Schultz
Design Sanghee Park, Hyeonsook Lee
Typesetting Yeon Design
Illustrations Sunghwan Bae, Jiwon Yang
Recording Studio YR Media
Photo Credit Photos.com, Shutterstcok.com

Published and distributed by Gilbutschool

56, Worldcup-ro 10-gil, Mapo-gu, Seoul, Korea, 121-842

Tel 02-332-0931
Fax 02-322-0586
Homepage www.gilbutschool.co.kr
Publisher Jongwon Lee

ISBN   979-11-6406-585-1 (64740)
         979-11-6406-582-0 (set)
(Gilbutschool code : 30567)

미국교과서 리딩

READING

LEVEL 4 ③

길벗스쿨

미국 교과과정 핵심 주제별 배경지식과 어휘를 학습합니다.

과학, 사회, 역사, 수학, 문학, 예술 등 미국 초등 교과과정의 필수 학습 주제를 선별하여 구성한 지문을 읽으며 논픽션 리딩 실력의 기틀을 마련하며 교과 및 배경지식을 습득할 수 있습니다.

꼼꼼하고 정확하게 읽는 정독과 다양한 문제 풀이로 독해의 정확성을 높입니다.

영어 시험 상황에서는 논픽션 리딩의 비율이 절대적으로 높으며, 학습자의 사고력에도 논리적인 텍스트 읽기 과정이 매우 중요합니다. 문장 구조와 어휘, 구문, 문법 요소 등을 꼼꼼히 분석하며 읽는 정독 훈련으로 독해의 속도를 높이고 문제 풀이의 정확성을 향상시킵니다.

정확한 내용 이해에 도움을 주는 문법 요소를 학습합니다.

지문 속 주요 문법 요소 학습을 통해 문장의 구조를 파악하고 문맥을 이해하는 능력이 향상됩니다. 바른 해석과 정확한 문제 풀이로 독해에 더욱 자신감이 생깁니다.

Level Up 추론유형으로 상위권 독해 문제에 도전하며 문제 해결력을 높입니다.

내용 이해를 위한 다양한 독해 문제는 물론, 영어 시험 상황에서 오답률이 높은 추론 유형을 통해 텍스트 너머의 맥락까지 이해할 수 있도록 합니다. 세부 내용에서 정답을 찾는 것이 아니라 글 속의 여러 정보를 활용하여 서술되지 않은 내용을 유추하는 경험을 통해 문제 해결력이 더욱 향상됩니다.

Summary 활동으로 핵심 어휘를 복습하고, 내용 통합 훈련을 하며 통합적 사고력을 기릅니다.

지문 요약 활동으로 글의 구성을 파악하고 단어를 활용하는 능력이 향상될 수 있습니다. 또한 핵심 내용을 정리하는 과정에서 초등 고학년 시기에 더욱 발달하는 통합적 사고력 훈련까지 할 수 있습니다.

Week 1

| UNIT 01 | UNIT 02 | UNIT 03 | UNIT 04 | UNIT 05 | UNIT 06 |

Week 2

| REVIEW TEST | UNIT 07 | UNIT 08 | UNIT 09 | UNIT 10 | UNIT 11 |

Week 3

| UNIT 12 | REVIEW TEST | UNIT 13 | UNIT 14 | UNIT 15 | UNIT 16 |

Week 4

| REVIEW TEST | UNIT 17 | UNIT 18 | UNIT 19 | UNIT 20 | REVIEW TEST |

Before Reading

논픽션 주제 관련 단어와 그림을 통해 글의 내용을 예측합니다.

QR코드를 스캔하여 정확한 발음 확인하기

③ **Reading Focus**

글에서 반드시 파악해야 하는 중심 내용을 미리 확인합니다.

① **Check Your Knowledge**

문장을 듣고, 이미 알고 있는 내용인지 확인하며 배경지식을 활성화합니다.

② **Vocabulary**

단어를 듣고, 본책 맨 뒤의 단어리스트를 활용하여 의미를 확인합니다.

Reading

미국교과서 핵심 주제의 논픽션 글을 읽으며 교과 지식과 독해력을 쌓습니다.

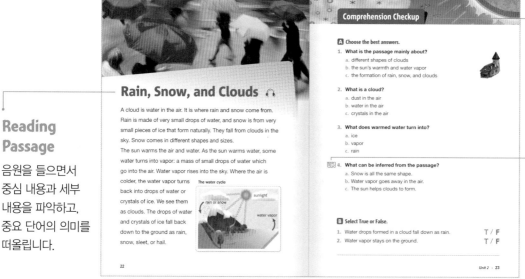

Comprehension Checkup

글을 올바르게 이해했는지 다양한 문제로 확인합니다.

Reading Passage

음원을 들으면서 중심 내용과 세부 내용을 파악하고, 중요 단어의 의미를 떠올립니다.

Level Up

사고력을 요하는 추론 유형으로 상위권 독해 문제를 경험합니다.

After Reading

단어와 문법 요소를 점검하고,
전체 내용을 요약하며 정리합니다.

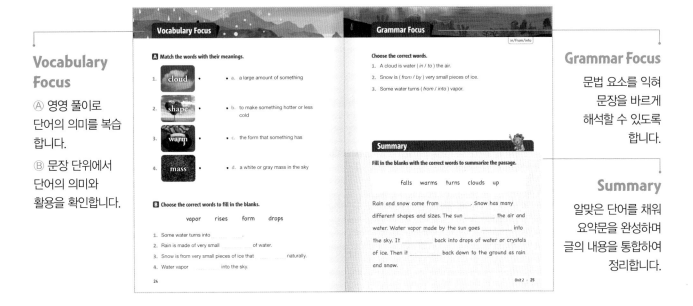

Vocabulary Focus

Ⓐ 영영 풀이로
단어의 의미를 복습
합니다.

Ⓑ 문장 단위에서
단어의 의미와
활용을 확인합니다.

Grammar Focus

문법 요소를 익혀
문장을 바르게
해석할 수 있도록
합니다.

Summary

알맞은 단어를 채워
요약문을 완성하며
글의 내용을 통합하여
정리합니다.

Chapter Review

과목별 주요 단어와 문장,
문법을 복습합니다.

Workbook

배운 단어의 의미를
확인하고, 문장으로
복습합니다.

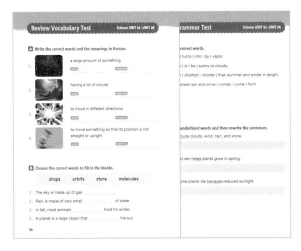

〈권말 부록〉 단어리스트

무료 온라인 학습 자료 길벗스쿨 e클래스(**eclass.gilbut.co.kr**)에 접속하시면 〈미국교과서 READING〉
시리즈에 대한 상세 정보 및 부가학습 자료를 무료로 이용하실 수 있습니다.
① 음원 스트리밍 및 MP3 파일 ② 추가 워크시트 4종 (단어 테스트, 해석 테스트, 문장 쓰기, 지문 완성하기)
③ 복습용 온라인 퀴즈 (단어 퀴즈, 내용 확인 퀴즈)

SUBJECT	UNIT	TOPIC	VOCABULARY	GRAMMAR
SCIENCE	01	Weather	weather, cloudy, rainy, snowy, dry, temperature, climate, measure, instrument	Verb forms
	02		cloud, drop, form, shape, warm, vapor, mass, crystal, sleet, hail	Prepositions *in, from, into*
	03	Seasons	season, appear, tilt, breed, solstice, wet, fruit	Subject–verb agreement
	04		fall, harvest, crop, length, decrease, store, winter, reduce, few	Comparative and superlative adjectives
	05	Sky	molecule, consist of, atom, scatter, light, far, set, quarter	because/ because of
	06	Planets	planet, object, orbit, dwarf, close, farthest, ball-shaped	does not + infinitive
SOCIAL STUDIES	07	Leaders	vote, election, government, appoint, council, law, judge, court	Passive voice (be+p.p.)
	08	The Capital of the U.S.	capital, stand for, museum, monument, statue, respect, oval, official, dining room	Subject–verb agreement
	09	Taxes	colony, grow, proud, rule, accept, order, tax, stamp, expensive	Verb tense consistency
	10	The Independence of the U.S.	step, free, declaration, independence, celebrate, create, right, listen	be going to

SUBJECT	UNIT	TOPIC	VOCABULARY	GRAMMAR
SOCIAL STUDIES	11	A Historical Figure	founding father, army, liberty, soldier, blacksmith, shoemaker, carpenter, shopkeeper, battle, command	this/these
	12		discovery, electricity, experiment, willing, publish, convince, troop	One of + plural noun
LANGUAGE ARTS	13	Classic Story	pig, straw, stick, brick, gobble, chimney	Ordinal numbers
	14		blind, side, tusk, spear, tickle, trunk, startle	Prepositions *near, on, at*
MUSIC	15	Orchestra	play, instead, costume, onstage, actor, perform, composer, language	Conjunction *but*
	16	Ballet	training, balance, control, spin, leap	have/has to
VISUAL ARTS	17	Self-Portraits	paint, self-portrait, photograph, Dutch, calm, worried, triple	Reflexive pronouns
	18	Still Lifes	painting, still life, popular, fine art, china, silverware, furniture, arrange, texture	Questions with will
MATH	19	Time	hand, pass, example, dot, colon, clock, half	Articles *a, an*
	20	Calendar	calendar, set, show, week, month, year, hang, wall, learn, ordinal number	There is/ There are

"Whenever you read a good book,
somewhere in the world a door opens to allow in more light."

- Vera Nazarian

AMERICAN
TEXTBOOK
READING

Science

UNIT
01
Science

Weather

🎧 Listen and check ☑ what you already know.

① Weather can be windy, rainy, snowy, or sunny. ☐

14

Reading Focus

- What is weather?
- What kinds of instruments are there to measure weather?

② We can measure weather with some tools. ☐

Vocabulary

- ★ weather
- ★ cloudy
- ★ rainy
- ★ snowy
- ★ dry
- ★ temperature
- ★ climate
- ★ measure
- ★ instrument

Weather 🎧

Weather is what happens in the sky. In other words, weather is what the sky and air are like. The sky can be sunny or cloudy. The air can be rainy, snowy, or dry.

Weather includes clouds, wind, rain, and snow. Weather is affected by energy from the sun. The sun warms the air and changes the temperature, which is how hot or cold the air is. Wind moves the air. It moves slowly or very fast. Climate tells us what kinds of weather usually happen in an area at different times of the year.

To measure weather, you can use instruments. Some instruments measure temperature. Other instruments measure wind or rain. People use these measurements to figure out what the weather will be like in the future.

Instruments for measuring weather

| thermometer | barometer | anemometer | snow gauge |

Comprehension Checkup

A Choose the best answers.

1. **What is the passage mainly about?**

   a. various weather conditions

   b. basic knowledge of weather

   c. tools for measuring weather

2. **What is temperature?**

   a. how hard wind blows

   b. how hot or cold the air is

   c. what makes rain fall

3. **What warms the air?**

   a. climate

   b. snow

   c. the sun

4. **Which CANNOT be measured with instruments?**

   a. wind

   b. rain

   c. clouds

B Select True or False.

1. Energy from the sun does not affect weather.   T / F

2. Measuring weather helps to find out about the future weather.   T / F

Vocabulary Focus

A Match the words with their meanings.

1.  **measure** •

    • **a.** a tool that you use for doing something

2.  **instrument** •

    • **b.** having no water

3.  **cloudy** •

    • **c.** to find out the size, length, or amount of something

4. **dry** •

    • **d.** having a lot of clouds

B Choose the correct words to fill in the blanks.

climate   warms   happens   temperature

1. Weather is what .... in the sky.

2. Some instruments measure ....

3. The sun .... the air and changes the temperature.

4. .... tells us what kinds of weather usually happen in an area.

Grammar Focus

Choose the correct words.

1. The air can (*is* / *be*) rainy, snowy, or dry.

2. Weather (*include* / *includes*) clouds, wind, rain, and snow.

3. The sun (*warm* / *warms*) the air and (*changes* / *change*) the temperature.

Summary

Fill in the blanks with the correct words to summarize the passage.

> weather   affected   temperature   future   measured

Weather is .... by energy from the sun. The air

gets warmed by the sun, which changes the ....

Climate tells us what kinds of .... happen in an

area. Weather can be .... using instruments.

These measurements are used to figure out what the

weather will be like in the ....

Rain, Snow, and Clouds

🎧 Listen and check ☑ what you already know.

① Clouds are where rain and snow come from. ☐

Reading Focus

- What is a cloud?
- Where and how are clouds made?

② As the sun warms water, very small drops of water go into the air. ☐

Vocabulary

- ★ cloud
- ★ drop
- ★ form
- ★ shape
- ★ warm
- ★ vapor
- ★ mass
- ★ crystal
- ★ sleet
- ★ hail

Rain, Snow, and Clouds 🎧

A cloud is water in the air. It is where rain and snow come from. Rain is made of very small drops of water, and snow is from very small pieces of ice that form naturally. They fall from clouds in the sky. Snow comes in different shapes and sizes.

The sun warms the air and water. As the sun warms water, some water turns into vapor: a mass of small drops of water which go into the air. Water vapor rises into the sky. Where the air is colder, the water vapor turns back into drops of water or crystals of ice. We see them as clouds. The drops of water and crystals of ice fall back down to the ground as rain, snow, sleet, or hail.

The water cycle

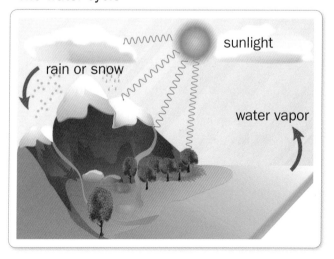

rain or snow

sunlight

water vapor

Comprehension Checkup

A Choose the best answers.

1. **What is the passage mainly about?**

    a. different shapes of clouds

    b. the sun's warmth and water vapor

    c. the formation of rain, snow, and clouds

2. **What is a cloud?**

    a. dust in the air

    b. water in the air

    c. crystals in the air

3. **What does warmed water turn into?**

    a. ice

    b. vapor

    c. rain

LEVEL UP! 4. **What can be inferred from the passage?**

    a. Snow is all the same shape.

    b. Water vapor goes away in the air.

    c. The sun helps clouds to form.

B Select True or False.

1. Water drops formed in a cloud fall down as rain.   T / F

2. Water vapor stays on the ground.   T / F

Vocabulary Focus

A Match the words with their meanings.

1.  cloud

   a. a large amount of something

2.  shape

   b. to make something hotter or less cold

3.  warm

   c. the form that something has

4.  mass

   d. a white or gray mass in the sky

B Choose the correct words to fill in the blanks.

vapor   rises   form   drops

1. Some water turns into _____.

2. Rain is made of very small _____ of water.

3. Snow is from very small pieces of ice that _____ naturally.

4. Water vapor _____ into the sky.

24

Grammar Focus

Choose the correct words.

1. A cloud is water (*in* / *to*) the air.

2. Snow is (*from* / *by*) very small pieces of ice.

3. Some water turns (*from* / *into*) vapor.

Summary

Fill in the blanks with the correct words to summarize the passage.

falls   warms   turns   clouds   up

Rain and snow come from .... Snow has many different shapes and sizes. The sun .... the air and water. Water vapor made by the sun goes .... into the sky. It .... back into drops of water or crystals of ice. Then it .... back down to the ground as rain and snow.

UNIT 03 Science

Spring and Summer

🎧 Listen and check ☑ what you already know.

① Spring is when leaves and flowers appear. ☐

Reading Focus

- Why does it get warmer in spring?
- When is the day with the longest daylight?

② In summer, many plants grow fruits with the help of lots of sunlight. ☐

Vocabulary

- ★ season
- ★ appear
- ★ tilt
- ★ breed
- ★ solstice
- ★ wet
- ★ fruit

Spring and Summer 🎧

A season is a time of year.

Spring is when leaves and flowers appear. In spring, the weather gets warmer because Earth is tilted toward the sun. So there are many hours of sunlight, and it can also rain a lot. Sunlight and rain help plants grow in spring. Plants are food for animals. Many animals have their breeding seasons in spring.

Summer is the hottest season of the year. During the summer solstice, the day is the longest, and the night is the shortest. In some places, summer is the wettest season with the most rain, and in other places, it is a dry season. In summer, many plants grow fruits with the help of lots of sunlight. As a result, there is a lot of food for animals to eat.

Spring

flowers in full bloom   breeding

Summer

much rain   fruits

Comprehension Checkup

A Choose the best answers.

1. **What is the passage mainly about?**

   a. seasonal plants for animals

   b. reasons for weather changes

   c. features of spring and summer

2. **Which is NOT true about seasons?**

   a. Plants begin to grow in spring.

   b. Many animals breed in summer.

   c. Plants produce fruits in summer.

3. **What is the summer solstice?**

   a. the day with the longest night

   b. the day with the hottest temperature

   c. the day with the longest daylight

LEVEL UP! 4. **What can be inferred from the passage?**

   a. Summer is the hardest season for animals.

   b. Day gets shorter after the summer solstice.

   c. Spring is a wet season in most parts on earth.

B Select True or False.

1. Spring is when leaves and flowers disappear.　　　T / F

2. The earth's tilt toward the sun causes warmer weather.　　　T / F

Vocabulary Focus

A Match the words with their meanings.

1.  tilt   •   • **a.** to produce babies

2.  breed   •   • **b.** to move something so that its position is not straight or upright

3.  wet   •   • **c.** a part of a plant that contains the seeds

4.  fruit   •   • **d.** covered in water or rain

B Choose the correct words to fill in the blanks.

season   breeding   appear   tilted

1. In spring, Earth is .... toward the sun.

2. Many animals have their .... seasons in spring.

3. Spring is when leaves and flowers ....

4. A .... is a time of year.

Grammar Focus

Choose the correct words.

1. Spring is when leaves and flowers (*appear* / *appears*).

2. Sunlight and rain (*helps* / *help*) plants grow in spring.

3. A cloud is where rain and snow (*come* / *comes*) from.

Summary

Fill in the blanks with the correct words to summarize the passage.

breed   warmer   wettest   appear   shortest

In spring, leaves and flowers _____, the weather gets

_____, it can rain a lot, and many animals _____.

In summer, we experience the longest day and the

_____ night during the summer solstice. Summer can

be the _____ season in some places and a dry season

in other places.

Fall and Winter

🎧 Listen and check ☑ what you already know.

① Fall is a time for harvesting most crops in many places. ☐

Reading Focus

- In fall, what do most animals do?
- What does winter mean for animals?

② Fewer plants are found in winter. ☐

Vocabulary

* fall
* harvest
* crop
* length
* decrease
* store
* winter
* reduce
* fewer

Fall and Winter 🎧

Fall is a time for harvesting crops in many places. Fall lasts about the same amount of time as spring but is much shorter than summer and winter in length. Fall is also called autumn.

In fall, the hours of sunlight decrease. The weather gets colder and windier. Trees lose their leaves, usually after turning yellow, red, and brown. In fall, most animals look for food so that they can store it for winter.

Winter is the coldest season of the year. In winter, some plants die because of reduced sunlight and cold temperatures. The last of the leaves falls off some trees. Fewer plants are found in winter, and there is not a lot of food for animals to eat.

Fall

rich harvest   fallen leaves

Winter

much snow   bare trees

Comprehension Checkup

A Choose the best answers.

1. What is the passage mainly about?

a. why seasons change

b. what fall and winter are like

c. how long fall and winter last

2. Which is NOT true about seasons?

a. It gets colder and windier in fall.

b. Some plants die of cold in winter.

c. Fall is longer than other seasons.

3. What do most animals do in fall?

a. They breed for winter.

b. They stay in their shelter.

c. They store food for winter.

LEVEL UP! 4. What can be inferred from the passage?

a. Most leaves of a tree fall off in winter.

b. Days are shorter in fall than in summer.

c. Leaves turn yellow because of wind.

B Select True or False.

1. Most crops are harvested in fall.   T / F

2. It is hard for animals to find food in winter.   T / F

A Match the words with their meanings.

1.  harvest •

     • **a.** a plant such as wheat, rice, or fruit, etc. that a farmer grows

2.  store •

     • **b.** to become smaller in size, amount, or number

3.  crop •

     • **c.** to gather crops

4. decrease •

     • **d.** to keep things in a place for future use

B Choose the correct words to fill in the blanks.

reduced   falls   store   fewer

1. Some plants die because of the _____ sunlight.

2. In fall, most animals _____ food for winter.

3. The last of the leaves _____ off some trees in winter.

4. _____ plants are found in winter.

Grammar Focus

Comparative and superlative adjectives

Choose the correct words.

1. Fall is much (*short* / *shorter*) than summer and winter in length.

2. In fall, the weather gets colder and (*windy* / *windier*).

3. Winter is the (*colder* / *coldest*) season of the year.

Summary

Fill in the blanks with the correct words to summarize the passage.

lose   decrease   store   fewer   harvested

In fall, many crops are ...., and the hours of

sunlight .... The weather gets colder and windier.

Trees .... their leaves, and animals ....

food for winter. In winter, reduced sunlight and cold

temperatures cause some plants to die, so ....

plants are found.

UNIT 05 Science

The Sky Above

🎧 Listen and check ☑ what you already know.

① The sun lights the sky and the earth during the day. ☐

Reading Focus

- Why does the sky appear blue?
- How large is the moon?

② The moon is lit up by the sun. □

Vocabulary

- ★ molecule
- ★ consist of
- ★ atom
- ★ scatter
- ★ light
- ★ far
- ★ set
- ★ quarter

The Sky Above 🎧

The sky is made up of gas molecules. A molecule usually consists of two or more atoms. The sky appears blue because of the scattering of sunlight by the molecules.

The sun lights the sky and the earth during the day. The sun's energy warms the air, land, and water.

At night, there are stars and the moon in the sky. Stars make their own light. They look much smaller than they are because they are far away from Earth. The moon rises and sets in the sky.

The moon is about a quarter the size of Earth. It does not make its own light. It is lit up by the sun as it goes around Earth.

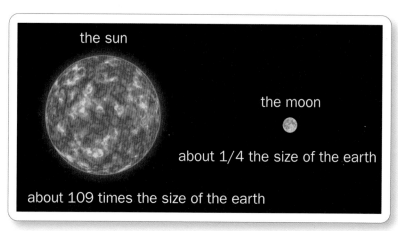

Size of the sun and the moon

Comprehension Checkup

A Choose the best answers.

1. **What is the passage mainly about?**

   a. the sky and what we see in it

   b. the sun and how it affects us

   c. the moon and how it shines

2. **What makes the sky look blue?**

   a. blue atoms

   b. gas molecules

   c. the scattering of sunlight

3. **Which is NOT true about the sun?**

   a. It warms the earth.

   b. It is always lit by stars.

   c. It is bigger than Earth.

LEVEL UP! 4. **What can be inferred about the moon?**

   a. It slowly moves toward the sun.

   b. It regularly goes around the sun.

   c. It is not one of the stars in the sky.

B Select True or False.

1. An atom consists of two or more molecules.   T / F

2. Earth is four times the size of the moon.   T / F

Vocabulary Focus

A **Match the words with their meanings.**

1. scatter

2. light

3. set

4. far

  a. not near

  b. to move in different directions

  c. to provide light in a place

  d. to move lower in the sky and to disappear

B **Choose the correct words to fill in the blanks.**

    sets   lights   consists   molecules

1. The sky is made up of gas ....

2. The sun .... the sky and the earth during the day.

3. The moon rises and .... in the sky.

4. A molecule usually .... of two or more atoms.

42

Choose the correct words.

1. The sky appears blue (*because* / *because of*) the scattering of sunlight by the molecules.

2. Stars look much smaller (*because* / *because of*) they are far away from Earth.

3. In winter, some plants die (*because* / *because of*) reduced sunlight.

Summary

Fill in the blanks with the correct words to summarize the passage.

warms   goes   molecules   light   own

The sky consists of gas .... At night, we can see stars and the moon in the sky. Stars make .... by themselves. The energy from the sun .... the air, land, and water. The moon does not make its .... light but is lit up by the sun as it .... around Earth.

UNIT 06 Science

Planets

🎧 Listen and check ☑ what you already know.

① The planets orbit the sun. ☐

Reading Focus

- What is *Terra*?
- What is a planet?

② There are eight planets in the solar system. ☐

Vocabulary

★ planet
★ object
★ orbit
★ dwarf
★ close
★ farthest
★ ball-shaped

Planets 🎧

A light in the night sky that looks bigger or brighter than other stars might be a planet. A planet is a large object that orbits the sun, and it does not make light. There are eight planets in the solar system. Pluto used to be known as a planet, but in August 2006, the International Astronomical Union decided it was a dwarf planet instead.

The planets have the names of Greek and Roman gods or goddesses. They are Mercury, Venus, Terra, Mars, Jupiter, Saturn, Uranus, and Neptune. Earth is occasionally called Terra, a Roman goddess. Mercury is the closest to the sun, and Neptune is the farthest from the sun.

The planets are ball-shaped. Some planets are smaller than Earth. Others are larger.

The solar system

A Choose the best answers.

1. **What is the passage mainly about?**

   a. planets and their orbits

   b. planets in the solar system

   c. the birth of a planet and a star

2. **Which is NOT true about a planet?**

   a. It makes its own light.

   b. It goes around the sun.

   c. It looks like a ball.

3. **Which planet is the closest to the sun?**

   a. Mars

   b. Mercury

   c. Saturn

LEVEL UP! 4. **What can be inferred from the passage?**

   a. Planets are usually bigger than a star.

   b. Planets shine by reflecting the sunlight.

   c. All planets in our solar system have a moon.

B Select True or False.

1. The planets in our solar system are named after gods
   or goddesses.   T / F

2. Terra is another name for the planet Earth.   T / F

Vocabulary Focus

A Match the words with their meanings.

1.  dwarf

   a. the greatest distance away

2.  farthest

   b. much smaller than others

3.  object

   c. not far from someone or something

4.  close

   d. a thing that you can see but that is not alive

B Choose the correct words to fill in the blanks.

others   orbits   farthest   solar

1. A planet is a large object that _____ the sun.

2. There are eight planets in the _____ system.

3. Neptune is the _____ from the sun.

4. Some planets are smaller than Earth. _____ are larger.

48

Grammar Focus

does not + infinitive

Change the sentences into negative form.

1. A planet makes light. ➜

2. My mom cooks well. ➜

3. The cup holds water. ➜

Summary

Fill in the blanks with the correct words to summarize the passage.

planets   make   closest   farthest   orbits

A planet .... the sun and does not .... light.

There are eight .... in the solar system: Mercury,

Venus, Earth, Mars, Jupiter, Saturn, Uranus, and Neptune.

Mercury is the .... to the sun and Neptune is the

.... from the sun. The planets are ball-shaped.

A Write the correct words and the meanings in Korean.

1. a large amount of something

word ....　meaning ....

2. having a lot of clouds

word ....　meaning ....

3. to move in different directions

word ....　meaning ....

4. to move something so that its position is not straight or upright

word ....　meaning ....

B Choose the correct words to fill in the blanks.

drops	orbits	store	molecules

1. The sky is made up of gas ....

2. Rain is made of very small .... of water.

3. In fall, most animals .... food for winter.

4. A planet is a large object that .... the sun.

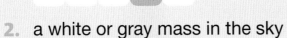

C Complete the puzzle.

1. not far from someone or something

2. a white or gray mass in the sky

3. much smaller than others

4. a tool that you use for doing something

5. to move lower in the sky and to disappear

6. to produce babies

7. to gather crops

What is the word in the colored boxes?

A Choose the correct words.

1. Some water turns (*into* / *by*) vapor.

2. The sky can (*is* / *be*) sunny or cloudy.

3. Fall is much (*shortest* / *shorter*) than summer and winter in length.

4. A cloud is where rain and snow (*comes* / *come*) from.

B Correct the underlined words and then rewrite the sentences.

1. Weather <u>include</u> clouds, wind, rain, and snow.

2. Sunlight and rain <u>helps</u> plants grow in spring.

3. In winter, some plants die <u>because</u> reduced sunlight.

AMERICAN
TEXTBOOK
READING

Social Studies

Leaders and Governments

🎧 Listen and check ☑ what you already know.

① We vote to choose our government leaders. ☐

Reading Focus

- What is an election?
- Who makes laws for a city?

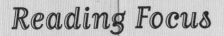

② Judges make sure that the laws are fair for everyone. ☐

Vocabulary

- ★ vote
- ★ election
- ★ government
- ★ appoint
- ★ council
- ★ law
- ★ judge
- ★ court

Leaders and Governments

We vote for most of our government leaders. To vote means to choose for or against someone or something. The time when we vote is called an election. In an election, the person with the most votes wins. Some government leaders are not elected but appointed. To appoint means to choose someone for a position or a job. Usually, these people are appointed by elected leaders. Governments are made up of many people with different jobs. A group of people called a city council makes laws for a city. A mayor makes sure that people follow the city's laws. Judges make decisions about laws. A judge makes sure that laws are fair. A judge works in a court.

Government buildings in Washington, D.C.

the White House

the Capitol

the Supreme Court

Comprehension Checkup

A Choose the best answers.

1. **What is the passage mainly about?**
   a. election systems
   b. leaders and their jobs
   c. government buildings

2. **What do people do in an election?**
   a. They win some votes.
   b. They vote for a leader.
   c. They make laws for all.

3. **Who makes laws for a city?**
   a. the president
   b. the mayor
   c. the city council

4. **What does a mayor do?**
   a. He makes laws for the city by himself.
   b. He checks if people follow the laws.
   c. He prepares for the next election.

B Select True or False.

1. All government leaders are elected by people.   T / F

2. Many people work in the government in various roles.   T / F

A **Match the words with their meanings.**

1.  vote

    a. an official in control of a court

2.  election

    b. a rule that people must follow

3.  law

    c. the time when people vote to choose someone for an official position

4.  judge

    d. to show which person or plan you choose

B **Choose the correct words to fill in the blanks.**

| position | vote | council | appointed |

1. To .... means to choose for or against someone or something.

2. To appoint means to choose someone for a .... or a job.

3. Some government leaders are ....

4. A group of people called a city .... makes laws for a city.

Grammar Focus

Choose the correct words.

1. Usually, government leaders are (*appointing* / *appointed*) by elected leaders.

2. Governments are (*made* / *make*) up of many people with different jobs.

3. Some government leaders are not (*elected* / *electing*).

Summary

Fill in the blanks with the correct words to summarize the passage.

mayor　　appointed　　election　　fair　　decisions

We vote for our government leaders in an ....

Some leaders are .... by elected leaders. A city

council makes laws for the city, and a .... checks

that people follow the laws. Judges make .... about

laws and make sure that laws are ....

UNIT 08 Social Studies

The Capital and the White House

🎧 Listen and check ☑ what you already know.

① The capital of the United States is Washington, D.C. ☐

Reading Focus

- What is the Capitol in Washington, D.C.?
- What is the Oval Office?

② The White House is where the president lives and works. ☐

Vocabulary

- ★ capital
- ★ stand for
- ★ museum
- ★ monument
- ★ statue
- ★ respect
- ★ oval
- ★ official
- ★ dining room

The Capital and the White House 🎧

Washington, D.C. is the capital of the United States. Washington was named after the first U.S. president, George Washington. The 'D.C.' stands for 'District of Columbia,' a special area that is not a state.

Washington, D.C. has many museums and monuments. A monument is a building or statue that shows special respect for a person or event.

The Capitol in Washington, D.C. is the name of a building. It is where members of Congress meet. Congress is a part of the government that makes laws for the country.

Washington, D.C.

The White House is where the president lives and works. Many people visit the White House every year. The Oval Office is the official office of the president. The State Dining Room can seat up to 140 people.

the White House

Comprehension Checkup

A Choose the best answers.

1. **What is the passage mainly about?**

   a. the U.S. capital and its landmarks

   b. the U.S. Capitol and its importance

   c. the White House and the president

2. **What is a building that shows special respect?**

   a. a monument

   b. the Capitol

   c. the Oval Office

3. **Where does the U.S. president work?**

   a. in a museum

   b. in the Oval Office

   c. in the State Dining Room

LEVEL UP! 4. **What can be inferred from the passage?**

   a. The White House is inside the Capitol.

   b. The capital is the busiest city in the U.S.

   c. You can tour the White House as a visitor.

B Select True or False.

1. The U.S. capital was named after the first president.   T / F

2. People who work for Congress meet in the Capitol.   T / F

Vocabulary Focus

A Match the words with their meanings.

1.  statue •

        • **a.** a good opinion of someone

2.  respect •

        • **b.** egg-shaped

3.  oval •

        • **c.** a model made from metal or stone

4.  dining room •

        • **d.** a room where you eat meals

B Choose the correct words to fill in the blanks.

official	capital	government	monuments

1. Washington, D.C. is the .... of the United States.

2. Washington, D.C. has many museums and ....

3. The Oval Office is the .... office of the president.

4. Congress is a part of the .... that makes laws for the country.

64

Grammar Focus

Choose the correct words.

1. Many people (*visit* / *visits*) the White House every year.

2. How many people (*is* / *are*) there?

3. How much (*is* / *are*) these glasses?

Summary

Fill in the blanks with the correct words to summarize the passage.

monuments   respect   president   Congress   capital

Washington, D.C. is the .... of the United States.

Washington, D.C. has many ....—buildings or statues

that show special .... for people or events.

Members of .... meet in the Capitol in Washington,

D.C. The White House is where the .... lives and

works.

Taxes

🎧 Listen and check ☑ what you already know.

① In the 1760s, there were thirteen English colonies in America. ☐

Reading Focus

- What is a tax?
- Why did the king order the colonists to pay extra money?

② The king of England ordered the colonists to pay extra money. ☐

Vocabulary

- ★ colony
- ★ grow
- ★ proud
- ★ rule
- ★ accept
- ★ order
- ★ tax
- ★ stamp
- ★ expensive

Taxes 🎧

King George III (1738-1820)

In the 1760s, the thirteen English colonies in America were growing. The colonists were proud to be English and to be ruled by King George III. But then things started to change. King George III made laws the colonists did not like and could not accept. The king ordered them to pay taxes on things like sugar, stamps, and paper. When the colonists bought some paper, they paid what the paper cost. But the king said they had to pay extra money as well. This extra money was a tax.

The taxes the American colonists paid went straight to the British government. At this time, King George III needed lots of money because England had just finished fighting a very expensive war against France.

Comprehension Checkup

A Choose the best answers.

1. What is the passage mainly about?

   a. King George III and taxes

   b. the pride of the colonists

   c. a war between England and France

2. How did the colonists feel about being ruled by King George III in the 1760s?

   a. They were proud of it.

   b. They were angry about it.

   c. They were sad about it.

3. Which is true about the colonists?

   a. They were willing to accept the new laws.

   b. They wanted to participate in the war.

   c. They had to pay taxes on several things.

LEVEL UP! 4. What can be inferred from the passage?

   a. England was planning another war.

   b. George III did not like the colonists.

   c. The colonists did not want to pay taxes.

B Select True or False.

1. In the 1760s, the English colonies in America were getting smaller.　　T / F

2. England needed money after a war against France.　　T / F

Vocabulary Focus

A Match the words with their meanings.

1.  order •

   • a. a small piece of paper that you stick onto an envelope or a package

2.  stamp •

   • b. to develop and become bigger

3. grow •

   • c. to agree to a suggestion

4. accept •

   • d. to tell someone that he or she must do something

B Choose the correct words to fill in the blanks.

expensive   ruled   ordered   colonies

1. The colonists were proud to be _____ by King George III.

2. The king _____ the colonists to pay taxes on things.

3. English _____ in America were growing.

4. England had just fought a very _____ war against France.

Grammar Focus

Choose the correct words.

1. King George III made laws the colonists (*did* / *do*) not like and could not accept.

2. When the colonists bought some paper, they (*pay* / *paid*) what the paper cost.

3. The king said they (*have* / *had*) to pay extra money.

Summary

Fill in the blanks with the correct words to summarize the passage.

taxes   ordered   money   ruled   extra

In the 1760s, the English colonists in America were happy

to be .... by King George III. However, when the

king .... them to pay ...., things started

to change. They could not accept the king's order. They had

to pay .... money for sugar, stamps, and paper.

The king needed the .... after a war against France.

A Nation Is Born

🎧 Listen and check ☑ what you already know.

① The English colonists in America wanted to be free from England. ☐

Reading Focus

- On the fourth of July in 1776, what happened?
- What is the Declaration of Independence?

② American leaders signed the Declaration of Independence. ☐

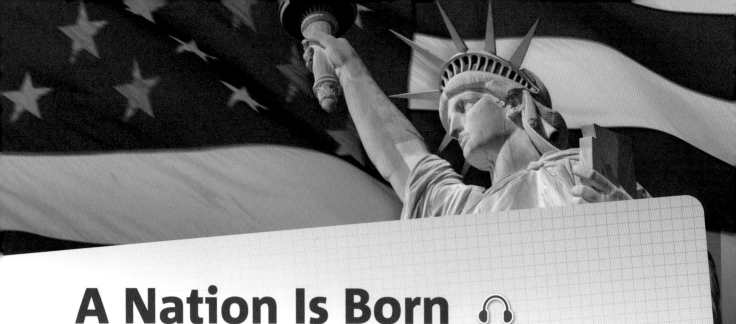

A Nation Is Born 🎧

In 1776, the English colonists in America took a very big step. They told King George that Americans wanted to be free and to start their own country—a country called the United States of America.

On the fourth of July, in the year 1776, many American leaders signed the Declaration of Independence. That is why Americans still celebrate every fourth of July as Independence Day, the birthday of America. The Declaration of Independence said that all people were created equal, that their Creator gave them certain rights, and that nobody could take those rights away.

The leaders said that people had the right to be free and to decide how to rule themselves. They said, "King George, we are not going to listen to you anymore."

American leaders signing
the Declaration of Independence

Comprehension Checkup

A **Choose the best answers.**

1. **What is the passage mainly about?**

   a. the rights of American leaders

   b. the birth of the United States

   c. King George's rule over America

2. **What happened on the fourth of July in 1776?**

   a. American leaders declared war on England.

   b. American leaders gave in to King George.

   c. American leaders declared their independence.

3. **What is NOT written in the Declaration of Independence?**

   a. All people are created equal.

   b. All people can be treated differently.

   c. All people are given certain rights.

LEVEL UP! 4. **What can be inferred from the passage?**

   a. The colonies were united to be one country.

   b. King George agreed to the independence.

   c. Many of the colonists went back to England.

B **Select True or False.**

1. Americans wanted to be ruled by England.　　　　　　　T / F

2. The American leaders said they needed to rule themselves.　T / F

Vocabulary Focus

A Match the words with their meanings.

1.  free

    a. an action to deal with a problem

2. independence

    b. political freedom from control by another country

3.  step

    c. to pay attention to what someone is saying

4.  listen

    d. being allowed to do or say whatever you want

B Choose the correct words to fill in the blanks.

> rule   step   equal   celebrate

1. In 1776, the English colonists in America took a very big ....

2. Americans still .... every fourth of July as Independence Day.

3. All people are created ....

4. People have the right to be free and to decide how to .... themselves.

76

Grammar Focus

Choose the correct words.

1. We're not going to (*listening* / *listen*) to you anymore.

2. I'm not going to (*doing* / *do*) it.

3. She's going to (*study* / *studying*) hard.

Summary

Fill in the blanks with the correct words to summarize the passage.

listen   start   rights   told   signed

In 1776, Americans wanted to .... their own country.

On the fourth of July, in 1776, many American leaders

.... the Declaration of Independence. It said that

all people are given certain .... and nobody could

take those rights away. The leaders .... King George

they were not going to .... to him anymore.

George Washington

🎧 Listen and check ☑ what you already know.

① George Washington was one of the Founding Fathers of the United States. ☐

Reading Focus

- What was the American Revolutionary War?
- Who turned the common people into an army?

② General Washington commanded the American soldiers. ☐

Vocabulary

- ✴ founding father
- ✴ army
- ✴ liberty
- ✴ soldier
- ✴ blacksmith
- ✴ shoemaker
- ✴ carpenter
- ✴ shopkeeper
- ✴ battle
- ✴ command

George Washington 🎧

George Washington was one of the Founding Fathers of the United States. He led the American army during the American Revolutionary War and later became the new republic's first president.

When the War of Independence started, there was no army in America. Each colony sent men who wanted to help fight for liberty, but these men were not soldiers. They were farmers, blacksmiths, shoemakers, carpenters, and shopkeepers. Who would turn them into an army and lead them in battle? George Washington was the man. He taught them how to fight. He stayed with them through terrible hardships. For eight years, General Washington commanded the American soldiers against the mighty British army, and he led them to victory. He was admired and praised by Americans.

the American Revolutionary War

Comprehension Checkup

A Choose the best answers.

1. **What is the passage mainly about?**

    a. the birth of the United States and its army

    b. George Washington and Founding Fathers

    c. the Revolutionary War and George Washington

2. **What was George Washington during the war?**

    a. He was the commander.

    b. He was the president.

    c. He was a British soldier.

3. **Which is NOT true about George Washington?**

    a. He taught the American army how to fight.

    b. He commanded his soldiers from his office.

    c. He led the American soldiers to victory.

LEVEL UP! 4. **What can be inferred from the passage?**

    a. The victory led to the independence.

    b. The British Army was not well-trained.

    c. George Washington was injured in the war.

B Select True or False.

1. No one in the colonies wanted to fight for liberty.   T / F

2. The British army was powerful but lost the war.   T / F

Vocabulary Focus

A Match the words with their meanings.

1.  army •

     • **a.** a member of the army of a country

2.  liberty •

     • **b.** a fight between opposing armies

3.  soldier •

     • **c.** a large group of soldiers trained to fight in war

4.  battle •

     • **d.** the freedom to do whatever you want

B Choose the correct words to fill in the blanks.

> commanded   hardships   Founding   liberty

1. George Washington was one of the .... Fathers of the United States.

2. Each colony sent men who wanted to help fight for ....

3. General Washington .... the American soldiers.

4. George Washington stayed with the soldiers through terrible ....

Grammar Focus

this / these

Choose the correct words.

1. These men were not soldiers. (*It* / *They*) were farmers, blacksmiths, and shoemakers.

2. These are yours. I bought (*it* / *them*) at the supermarket.

3. This tastes good. (*They* / *It*) is from Korea.

Summary

Fill in the blanks with the correct words to summarize the passage.

army   hardships   led   won   commander

George Washington was the .... of the American

army during the American Revolutionary War. When the war

started, there was no American .... But Washington

turned the people into an army and .... them in

battle. He went through terrible .... with them.

Finally, the American soldiers .... the war against

the British army.

Benjamin Franklin

🎧 Listen and check ☑ what you already know.

① Benjamin Franklin loved learning and liked to experiment. ☐

- Who was Benjamin Franklin?
- What did Benjamin Franklin do in France?

② During the Revolutionary War, Benjamin Franklin visited France. ☐

Vocabulary

- ★ **discovery**
- ★ **electricity**
- ★ **experiment**
- ★ **willing**
- ★ **publish**
- ★ **convince**
- ★ **troop**

Benjamin Franklin 🎧

Benjamin Franklin was one of the first people to make some important discoveries about electricity. He loved learning, liked to experiment, and was willing to work very hard. When he was still a young man, he started a printing business, published a newspaper, and taught himself to read four different languages, including French.

Benjamin Franklin was one of the American leaders who signed the Declaration of Independence. During the Revolutionary War, he was sent to France. The Americans hoped that Franklin could get the French to help them in their fight against the British. And he did just that: He convinced the French to send soldiers to America. Those French troops helped the Americans win the war.

Benjamin Franklin reading the Declaration of Independence

Comprehension Checkup

A Choose the best answers.

1. What is the passage mainly about?

a. Benjamin Franklin and his role in war

b. Benjamin Franklin's great discoveries

c. Benjamin Franklin as a French soldier

2. What were Benjamin's discoveries related to?

a. electricity

b. printing

c. newspaper

3. What did Benjamin Franklin convince the French to do?

a. to lend America some money

b. to attack the British mainland

c. to send soldiers to America

LEVEL UP! 4. What can be inferred about Benjamin Franklin?

a. He worked for the French army.

b. He fought on many battlefields.

c. He helped the U.S. win the war.

B Select True or False.

1. Benjamin Franklin was against American independence.　　T / F

2. The French sent troops to America.　　T / F

Benjamin

A Match the words with their meanings.

1. electricity •   • a. a group of soldiers

2. experiment •   • b. to make someone believe
                                         something

3. convince •   • c. to do a careful test to see if
                                         something is true

4. troop •   • d. the power used to provide light
                                         or heat

B Choose the correct words to fill in the blanks.

| signed | convinced | discoveries | willing |

1. Benjamin made important _____ about electricity.

2. Benjamin Franklin was _____ to work very hard.

3. Benjamin Franklin _____ the Declaration of Independence.

4. He _____ the French to send soldiers.

Grammar Focus

Choose the correct words.

1. He was one of the first (*person* / *people*) to make some important discoveries about electricity.

2. He was one of the American (*leaders* / *leader*) who signed the Declaration of Independence.

3. He is one of the smartest (*student* / *students*) in the school.

Summary

Fill in the blanks with the correct words to summarize the passage.

learning   convince   soldiers   electricity   languages

Benjamin Franklin made discoveries about .... He loved .... and taught himself to read four different .... When he was sent to France during the Revolutionary War, the Americans hoped that Franklin could .... the French to send soldiers to America. And he did that. The French sent ...., and the Americans won the war against the British.

A Write the correct words and the meanings in Korean.

1.

a rule that people must follow

word .... meaning ....

2.

to make someone believe something

word .... meaning ....

3.

political freedom from control by another country

word .... meaning ....

4.

a small piece of paper that you stick onto an envelope or a package

word .... meaning ....

B Choose the correct words to fill in the blanks.

vote   hardships   ruled   monuments

1. Washington, D.C. has many museums and ....

2. The colonists were proud to be .... by King George III.

3. To .... means to choose for or against someone or something.

4. George Washington stayed with the soldiers through terrible ....

C **Write the correct words in the blanks. Then circle those words in the puzzle.**

1. to agree to a suggestion: _____

2. a good opinion of someone: _____

3. an official in control of a court: _____

4. the freedom to do whatever you want: _____

5. to pay attention to what someone is saying: _____

6. to do a careful test to see if something is true: _____

q	a	w	c	i	b	w	r	m	k
l	i	s	t	e	n	z	e	u	r
d	i	e	t	e	z	o	s	t	c
s	a	b	p	e	l	n	p	l	v
e	x	p	e	r	i	m	e	n	t
u	y	f	m	r	e	n	c	i	j
a	c	c	e	p	t	i	t	t	y
j	u	d	g	e	u	y	t	v	g

A Choose the correct words.

1. Governments are (*making* / *made*) up of many people with different jobs.

2. We're not going to (*listens* / *listen*) to you anymore.

3. These men were not soldiers. (*They* / *He*) were farmers, blacksmiths, and shoemakers.

4. He is one of the tallest (*boy* / *boys*) in the school.

B Correct the underlined words and then rewrite the sentences.

1. Many people <u>visits</u> the White House every year.

    ➜

2. King George made laws the colonists <u>do</u> not like.

    ➜

3. He was one of the first <u>person</u> to make some important discoveries.

    ➜

AMERICAN
TEXTBOOK
READING

Language Arts & Music

The Three Little Pigs

🎧 Listen and check ☑ what you already know.

① A wolf tried to harm the little pigs. ☐

Reading Focus

- What did the wolf do to the little pigs?
- Why did the wolf run away?

② The wolf went inside the brick house through the chimney. ☐

Vocabulary

- ★ pig
- ★ straw
- ★ stick
- ★ brick
- ★ gobble
- ★ chimney

The Three Little Pigs 🎧

Once, a mother pig sent her three children out into the world to make their own homes. The first little pig built a house of straw, and the second little pig built a house of sticks. But the third little pig built a brick house. Along came the big, bad wolf. He blew down the straw house and ate up the first little pig.

Next, the wolf went to the house of sticks and down fell the house. The second little pig was gobbled up, too.

Now, the wolf tried in vain to blow down the strong brick house. He tried the chimney, but the third little pig built a hot fire in the fireplace. The wolf landed in the fire and was burned so badly that he ran away for good.

Comprehension Checkup

A Choose the best answers.

1. **What did the mother pig want her children to do?**

   a. to bring some food

   b. to make their houses

   c. to live together happily

2. **Which is true about the little pigs?**

   a. The third one built a stick house.

   b. The second one built a brick house.

   c. The first one built a house with straw.

3. **Why did the third house not fall down?**

   a. because it had a strong chimney

   b. because it was built by the wolf

   c. because it was built with bricks

4. **Why did the wolf leave the third house?**

   a. because he got hurt

   b. because he was full

   c. because he was tired

B Select True or False.

1. The second little pig built the strongest house.   T / F

2. The third little pig did not get hurt at all.   T / F

Vocabulary Focus

A Match the words with their meanings.

1.  straw   •

     • **a.** a dry branch from a tree

2.  stick   •

     • **b.** a hard block of baked clay

3.  brick   •

     • **c.** to eat something quickly

4.  gobble   •

     • **d.** dried stems of wheat or other plants

B Choose the correct words to fill in the blanks.

> landed   built   blew   gobbled

1. The third little pig .... a brick house.

2. The wolf .... down the straw house and ate up the first little pig.

3. The second little pig was .... up.

4. The wolf .... in the fire.

98

Grammar Focus

Choose the correct words.

1. The (*one* / *first*) little pig built a house of straw.

2. The (*two* / *second*) little pig built a house of sticks.

3. The clothes for children are on the (*three* / *third*) floor.

Summary

Fill in the blanks with the correct words to summarize the story.

build   blew   wolf   tried   straw

Once a mother pig sent her three children out to ....

their own houses. The first pig built a .... house, the

second pig built a stick house, and the third pig built a brick

house. One day, a big, bad wolf appeared. He ....

down the first two houses and ate up the two pigs. But the

brick house was so strong that the wolf .... entering

by the chimney. The third pig built a hot fire in the fireplace

and scared the .... away for good.

The Blind Men and the Elephant

🎧 Listen and check ☑ what you already know.

① Six blind men are touching different parts of an elephant. ☐

Reading Focus

- Who touched the elephant's side?
- What are the tusks of an elephant?

② Everyone has a different idea about the elephant. ☐

Vocabulary

- ★ blind
- ★ side
- ★ tusk
- ★ spear
- ★ tickle
- ★ trunk
- ★ startle

The Blind Men and the Elephant 🎧

There were six blind men who went to visit an elephant. The first man felt the animal's huge side. "The elephant is like a high, strong wall," he announced.

The second man, standing near the elephant's head, put his hand on its long, sharp tusk. "No! It's more like a spear."

The third man reached around the elephant's leg with both arms and said, "The elephant is like a tree."

The fourth man touched the elephant's ear and said, "The elephant is actually similar to a fan."

The fifth man was standing at the elephant's back end. He grabbed its tail and said, "The elephant is much like a rope."

Then, the elephant tickled the sixth man with its trunk. The startled man pushed the trunk away and said, "The elephant is really like a very large snake!"

Comprehension Checkup

A Choose the best answers.

1. **Where did the second man put his hand?**

   a. on the elephant's trunk

   b. on the elephant's ear

   c. on the elephant's tusk

2. **Which part of the elephant felt like a fan?**

   a. its leg

   b. its ear

   c. its trunk

3. **Why was the sixth blind man startled?**

   a. because the elephant kicked him

   b. because the elephant pushed him with its head

   c. because the elephant tickled him with its trunk

LEVEL UP! 4. **What can be inferred from the story?**

   a. It is always different than what you think.

   b. We cannot judge something by a part of it.

   c. It is impossible for us to see everything at once.

B Select True or False.

1. The elephant's huge side was like a high wall to a blind man.   T / F

2. The elephant's tail made a blind man think of a spear.   T / F

Vocabulary Focus

A Match the words with their meanings.

1.  tickle •

   • a. to make someone suddenly surprised

2. startle •

   • b. to move your fingers gently over someone's body to make them laugh

3. spear •

   • c. the very long nose of an elephant

4.  trunk •

   • d. a pole with a sharp pointed blade at one end

B Choose the correct words to fill in the blanks.

tickled	trunk	visit	reached

1. There were six blind men who went to .... an elephant.

2. The third man .... around the elephant's leg with both arms.

3. The elephant .... the sixth man with its trunk.

4. The startled man pushed the .... away.

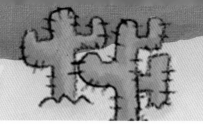

Grammar Focus

near / on / at

Read the sentences and circle the prepositions.

1. The second man was standing near the elephant's head.

2. He put his hand on the elephant's long, sharp tusk.

3. The fifth man was standing at the elephant's back end.

Summary

Fill in the blanks with the correct words to summarize the story.

tusk   side   fan   trunk   leg   rope

Six blind men went to visit an elephant. The first man felt its

_____. It was like a high, strong wall. The second man

touched its _____. It was like a spear. The third man

reached around its _____. It was like a tree. The fourth

man touched its ear. It was like a _____. The fifth man

grabbed its tail. It was like a _____. The elephant

tickled the sixth man with his _____. It was like a

large snake.

UNIT 15
Music
Opera

🎧 Listen and check ☑ what you already know.

① In an opera, everything is sung instead of spoken. ☐

Reading Focus

- What is an opera?
- Why do people love to listen to operas?

Vocabulary

- ★ play
- ★ instead
- ★ costume
- ★ onstage
- ★ actor
- ★ perform
- ★ composer
- ★ language

Opera 🎧

An opera is like a play, but everything is sung instead of spoken. In a play, people put on costumes and then go onstage to act out a story. In an opera, the actors sing and act out the story on the stage, too, but they do not speak any lines. And while they sing, an orchestra plays music for them to sing along with. Operas are usually performed in opera houses.

Many operas were written by composers who lived in European countries, such as Italy, Germany, and France. That is why many operas are sung in languages other than English. But because the singing and music are so beautiful, many people love to listen to operas even if they do not understand the words.

Actors performing an opera

Comprehension Checkup

A Choose the best answers.

1. **What is the passage mainly about?**

   a. how operas started

   b. what operas are like

   c. who created operas

2. **In what way is an opera similar to a play?**

   a. Actors sing along with music.

   b. Actors act out a story on the stage.

   c. Actors speak their lines on the stage.

3. **Where did many opera composers live?**

   a. in Asian countries

   b. in European countries

   c. in the United States

LEVEL UP! 4. **What can be inferred about operas?**

   a. Orchestras play an important role in them.

   b. Today they are mostly performed in English.

   c. People do not enjoy them for the languages.

B Select True or False.

1. In an opera, the actors sing their lines.   T / F

2. Many people love the music played or sung in operas.   T / F

Vocabulary Focus

A Match the words with their meanings.

1.  **costume** •
   • **a.** in place of someone or something

2. **instead** •
   • **b.** on the stage in a theater

3. **onstage** •
   • **c.** a set of clothes worn by an actor

4. **actor** •
   • **d.** someone who performs in a play, opera, or film

B Choose the correct words to fill in the blanks.

languages	performed	speak	written

1. In an opera, the actors do not .... any lines.

2. Operas are usually .... in opera houses.

3. Many operas were .... by composers who lived in Italy, Germany, and France.

4. Many operas are sung in .... other than English.

110

Grammar Focus

Conjunction but

Choose the correct words.

1. The actors sing and act out the story on the stage, (*and* / *but*) they do not speak any lines.

2. People like him, (*and* / *but*) I do not.

3. I was tired, (*but* / *and*) I kept studying.

Summary

Fill in the blanks with the correct words to summarize the passage.

> sing   words   listen   written   speak

In an opera, the actors do not .... any lines, but

.... them. While they sing, an orchestra plays music

for them. Many operas were .... in Italian, German,

and French, not in English. So many people do not understand

the .... However, the singing and music are so

beautiful that many people love to .... to operas

anyway.

Ballet

🎧 Listen and check ☑ what you already know.

① Ballet is performed by dancers who have had special training. ☐

Reading Focus

- What is ballet?
- What does it take to be a ballet dancer?

② Ballet dancers have to practice for many years. ☐

Vocabulary

- ★ training
- ★ balance
- ★ control
- ★ spin
- ★ leap

Ballet 🎧

Ballet is a type of dance. It is performed only by dancers who have had special training.

Ballet can tell a story. In a ballet, there is music, often played by an orchestra, but no one sings or talks. Instead, in many ballets, the dancers tell a story only through

Sleeping Beauty

the way they move. Some ballets tell stories you may know, like the story of *Sleeping Beauty*.

Ballet dancers have to practice for years to learn all they need to know. They have to work very hard and have very strong legs. They have to work at balancing themselves and controlling their bodies. Sometimes they dance only on the tips of their toes. Sometimes they spin around and around. Sometimes they make high leaps into the air.

Comprehension Checkup

A Choose the best answers.

1. **What is the passage mainly about?**

   a. the history of ballet

   b. the way to practice ballet

   c. ballet and ballet dancers

2. **Which is NOT true about ballet dancers?**

   a. They sometimes tell a story by singing.

   b. They sometimes spin around and around.

   c. They sometimes make high leaps into the air.

3. **What do ballet dancers need to have?**

   a. strong legs

   b. long arms

   c. good eyes

4. **What can be inferred from the passage?**

   a. Acting is not allowed in a ballet.

   b. It takes a lot of effort to be in a ballet.

   c. Ballet dancers can run for a long time.

B Select True or False.

1. Ballet dancers tell a story with dance. T / F

2. Ballet dancers sometimes dance on the tips of their fingers. T / F

Vocabulary Focus

A Match the words with their meanings.

1.  balance •

       • a. to make something do what you want

2. control •

       • b. a big jump

3.  spin •

       • c. to be in a steady position

4.  leap •

       • d. to turn around and around very quickly

B Choose the correct words to fill in the blanks.

training	orchestra	leaps	balancing

1. In a ballet, there is music, often played by an ....

2. It is performed only by dancers who have had special ....

3. Ballet dancers have to work at .... themselves.

4. Sometimes ballet dancers make high .... into the air.

have / has to

Choose the correct words.

1. Ballet dancers have to (*practice* / *practiced*) for years to learn all they need to know.

2. Ballet dancers have to (*working* / *work*) at controlling their bodies.

3. She (*has* / *have*) to go to the post office this afternoon.

Summary

Fill in the blanks with the correct words to summarize the passage.

tips   dance   leaps   balancing   orchestra

Ballet is a type of .... During a ballet, we can hear

music. It is often played by an .... In a ballet, the

dancers tell a story by dancing. Ballet dancers have to work

at .... themselves and controlling their bodies.

Sometimes they dance only on the .... of their

toes, spin around and around, and make high ....

into the air.

A **Write the correct words and the meanings in Korean.**

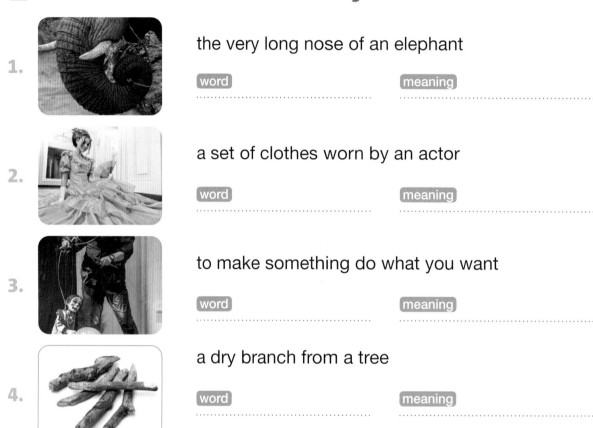

1. the very long nose of an elephant

   word .... meaning ....

2. a set of clothes worn by an actor

   word .... meaning ....

3. to make something do what you want

   word .... meaning ....

4. a dry branch from a tree

   word .... meaning ....

B **Choose the correct words to fill in the blanks.**

| gobbled | speak | reached | balancing |

1. The second little pig was .... up.

2. In an opera, the actors do not .... any lines.

3. Ballet dancers have to work at .... themselves.

4. The third man .... around the elephant's leg with both arms.

C Complete the puzzle.

1. a hard block of baked clay

2. to make someone suddenly surprised

3. a big jump

4. dried stems of wheat or other plants

5. in place of someone or something

6. someone who performs in a play, opera, or film

7. a pole with a sharp pointed blade at one end

What is the word in the colored boxes?

A Choose the correct words.

1. The (*two* / *second*) little pig built a house of sticks.

2. He put his hand (*on* / *in*) the elephant's long, sharp tusk.

3. The actors sing and act out the story on the stage, (*so* / *but*) they do not speak any lines.

4. She has to (*go* / *went*) to the post office this afternoon.

B Correct the underlined words and then rewrite the sentences.

1. Ballet dancers have to <u>working</u> at controlling their bodies.

2. People like him, <u>and</u> I do not.

→

3. The clothes for children are on the <u>three</u> floor.

→

AMERICAN
TEXTBOOK
READING

Visual Arts & Math

Self-Portraits

🎧 Listen and check ☑ what you already know.

① A self-portrait is a portrait of an artist himself. ☐

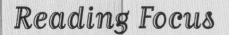

Reading Focus

- **Who was Vincent van Gogh?**
- **Who was Norman Rockwell?**

② A self-portrait shows how the artist feels about himself. ☐

Vocabulary

- ⭐ **paint**
- ⭐ **self-portrait**
- ⭐ **photograph**
- ⭐ **Dutch**
- ⭐ **calm**
- ⭐ **worried**
- ⭐ **triple**

Self-Portraits 🎧

Sometimes an artist paints a portrait of himself. This is called a self-portrait. A self-portrait does not have to look like a photograph. You can paint yourself in many different ways, and each way will say something different about the way you feel about yourself.

The Dutch painter Vincent van Gogh painted 37 self-portraits. This one, called *Self-Portrait*, shows him when he was 36 years old.

How does van Gogh look to you? Does he seem calm or worried?

You get a very different feeling from a self-portrait painted by American artist Norman Rockwell. In this painting, called *Triple Self-Portrait*, Rockwell has fun with the idea of painting a picture of himself. How many times does Rockwell show himself there?

van Gogh's *Self-Portrait*

124

A Choose the best answers.

1. **What is the passage mainly about?**

   a. different styles of self-portrait

   b. self-portraits and examples of them

   c. reasons artists paint themselves

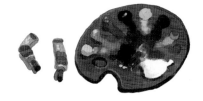

2. **What is NOT true about Vincent van Gogh?**

   a. He is a Dutch painter.

   b. He left 37 self-portraits.

   c. He painted himself funny.

3. **What is true about *Triple Self-Portrait*?**

   a. It was painted by Vincent van Gogh.

   b. It shows the painter three times.

   c. It gives the same feeling as *Self-Portrait*.

4. **Who was Norman Rockwell?**

   a. He was a Dutch painter.

   b. He was an American artist.

   c. He was an American scientist.

B Select True or False.

1. When you paint a portrait of your friend, it is a self-portrait.　　T / F

2. A self-portrait can look different from a photograph.　　T / F

Vocabulary Focus

A Match the words with their meanings.

1.  photograph •

    • **a.** to make a picture using colors

2.  paint •

    • **b.** a picture you take using a camera

3.  calm •

    • **c.** unhappy or anxious

4.  worried •

    • **d.** relaxed and quiet, not angry

B Choose the correct words to fill in the blanks.

feeling	himself	photograph	painted

1. A self-portrait does not have to look like a ....

2. The Dutch painter Vincent van Gogh .... many self-portraits.

3. You get a very different .... from a self-portrait painted by Norman Rockwell.

4. Rockwell had fun with the idea of painting a picture of ....

Grammar Focus

Fill in the blanks with the right form of the words in parentheses.

eg. I love _____ . (me) ➜ I love <u>myself</u>.

1. Sometimes an artist paints a portrait of _____ . (him)

2. You can paint _____ in many different ways. (you)

Summary

Fill in the blanks with the correct words to summarize the passage.

fun   yourself   look   different   self-portrait

A .... is a picture of the artist himself.

You can paint yourself in many .... ways. And each

way shows how you feel about .... In *Self-Portrait*

by Vincent van Gogh, he does not .... very happy.

But in *Triple Self-Portrait* by Norman Rockwell, we get a

different feeling. In his painting, he shows a ....

way of painting oneself.

UNIT 18 — Visual Arts

Still Lifes

🎧 Listen and check ☑ what you already know.

① The objects in still life paintings do not move. ☐

Reading Focus

- What is a still life?
- What is found in still lifes?

② Still lifes usually do not include people. □

Vocabulary

* painting
* still life
* popular
* fine art
* china
* silverware
* furniture
* arrange
* texture

Still Lifes 🎧

There is a type of painting known as a still life. It is called so because the objects in the painting do not move. They are still. People are not included in still lifes.

Still-life painting has been popular since the 17th century, when Dutch painters raised it to a fine art. To paint a still life, an artist first has to decide what objects to paint. Still lifes often include flowers, fruit, books, china, silverware, furniture, or other small objects. Once the artist knows what to paint, he or she has to decide how to arrange the objects. What shapes and colors will go next to one another? Where will light fall? Will the still life include objects with several different textures?

Comprehension Checkup

A Choose the best answers.

1. What is the passage mainly about?

   a. still lifes and how to paint them

   b. different ways to paint a still life

   c. popular types of still life paintings

2. What is a still life?

   a. a picture of ordinary life

   b. a picture of nonmoving objects

   c. a picture of people

3. Which is NOT included in a still life?

   a. books

   b. furniture

   c. children

LEVEL UP! 4. What can be inferred about still life artists?

   a. They are not good at painting things that move.

   b. They prefer objects with many different textures.

   c. They should decide several things before painting.

B Select True or False.

1. In a still life, the arrangement of objects is not important.   T / F

2. Still-life painting is a fine art.   T / F

Vocabulary Focus

A Match the words with their meanings.

1.  texture •

   • a. knives, forks, and spoons that are made of silver

2.  painting •

   • b. plates, cups, or other things made of baked clay

3.  china •

   • c. a picture that someone has painted

4.  silverware •

   • d. the way that something feels when you touch it

B Choose the correct words to fill in the blanks.

arrange	textures	included	popular

1. People are not .... in still lifes.

2. Still-life painting has been .... since the 17th century.

3. Will it include objects with several different ....?

4. The artist has to decide how to .... the objects.

Grammar Focus

Change the sentences like the example.

e.g. He will leave now → Will he leave now?

1. Light will fall here.

   →

2. They will come here.

   →

Summary

Fill in the blanks with the correct words to summarize the passage.

popularity   included   fall   arrange   nonmoving

A still life is a painting with .... objects. People are

not .... in still lifes. Still-life painting has gained

.... since the 17th century. After deciding what

objects to paint, the artist has to decide how to ....

the objects and how to let light ....

How to Tell Time

🎧 Listen and check ☑ what you already know.

① 5:35 is 35 minutes after 5. ☐

Reading Focus

- What is the minute hand?
- What is the hour hand?

② 2:30 is 30 minutes after 2, or half past 2. ☐

Vocabulary

- ★ hand
- ★ pass
- ★ example
- ★ dot
- ★ colon
- ★ clock
- ★ half

How to Tell Time 🎧

When the minute hand moves from one number to the next, 5 minutes have passed. For example, now it is 5 minutes after 4.

The hour hand is between the 5 and 6. That means it is after 5 o'clock, but it is not yet 6 o'clock. It is 35 minutes after 5. Another way of writing 35 minutes after 5 is 5:35. The two dots ":" are called a colon. The number to the left of the colon tells the hours. The number to the right of the colon tells the minutes. 3:15 means 15 minutes after 3.

On this clock, it is 30 minutes after 2, or 2:30. Thirty minutes is half an hour. So 2:30 is also called 'half past 2.'

Comprehension Checkup

A Choose the best answers.

1. **What is the passage mainly about?**

    a. how to keep time

    b. how to read a clock

    c. how a clock works

2. **How can 5:35 be written?**

    a. 5 hours after 35 minutes

    b. 35 minutes after 5

    c. 35 minutes before 5

3. **Which of the following is half past 2?**

    a. 1:30

    b. 2:05

    c. 2:30

LEVEL UP! 4. **What can be inferred from the passage?**

    a. The hour hand is faster than the others.

    b. There are one or more ways to tell time.

    c. There is no way to tell time without clocks.

B Select True or False.

1. A colon separates minutes and seconds.   T / F

2. Half an hour means 30 minutes.   T / F

Vocabulary Focus

A Match the words with their meanings.

1.  •   • a. something that is mentioned to help explain

2.  •   • b. to go by

3.  •   • c. a thing on a wall or table that shows the time

4.  •   • d. a small, round mark or spot

B Choose the correct words to fill in the blanks.

hours	half	minutes	after

1. In 5:35, the number to the left of the colon tells the ....

2. 3:15 means 15 minutes .... 3.

3. 2:30 is also called '............................. past 2.'

4. Thirty .... is half an hour.

Grammar Focus

Choose the correct words.

1. The two dots ":" are called (*a* / *an*) colon.

2. 30 minutes is half (*an* / *a*) hour.

3. (*A* / *An*) artist first has to decide what objects to paint.

Summary

Fill in the blanks with the correct words to summarize the passage.

half   after   minutes   hours   colon

A way of writing 35 minutes .... 5 is 5:35.

The two dots ":" are called a .... The number to the

left of the colon tells the .... The number to the

right tells the .... Thirty minutes is half an hour,

so 2:30 is also called '........................ past 2.'

Calendar

🎧 Listen and check ☑ what you already know.

① January is the first month of a year. ☐

Reading Focus

- What is a calendar?
- How many months are there in a year?

② Many months have 31 days. ☐

Vocabulary

- ✳ calendar
- ✳ set
- ✳ show
- ✳ week
- ✳ month
- ✳ year
- ✳ hang
- ✳ wall
- ✳ learn
- ✳ ordinal number

Calendar 🎧

A calendar is a set of pages that shows the days, weeks, and months of a particular year. You usually hang it on a wall.

There are 7 days in a week: Sunday, Monday, Tuesday, Wednesday, Thursday, Friday, and Saturday.

There are 12 months in a year: January, February, March, April, May, June, July, August, September, October, November, and December. January is the first month of the year, March is the third month of the year, June is the sixth month of the year, November is the eleventh month of the year, and December is the twelfth month of the year.

Many months have 31 days. Learn to say the ordinal numbers from thirteen to thirty-first in order.

Ordinal numbers from 13 to 31					
13	thirteenth	20	twentieth	27	twenty-seventh
14	fourteenth	21	twenty-first	28	twenty-eighth
15	fifteenth	22	twenty-second	29	twenty-ninth
16	sixteenth	23	twenty-third	30	thirtieth
17	seventeenth	24	twenty-fourth	31	thirty-first
18	eighteenth	25	twenty-fifth		
19	nineteenth	26	twenty-sixth		

Comprehension Checkup

A Choose the best answers.

1. **What is the passage mainly about?**

    a. various usages of a calendar

    b. calendars and ordinal numbers

    c. the number of days in a year

2. **Which day comes right after Tuesday?**

    a. Monday

    b. Wednesday

    c. Friday

3. **Which month is after September?**

    a. April

    b. July

    c. October

4. **What is the seventh month of the year?**

    a. July

    b. November

    c. March

B Select True or False.

1. April is the fifth month of the year.   T / F

2. Twenty-seventh comes before twenty-sixth.   T / F

A **Match the words with their meanings.**

1.  hang

     a. to get knowledge or skill by studying

2.  set

     b. to attach the top of an object onto something else

3.  wall

     c. a group of similar things that belong together

4.  learn

     d. one of the sides of a room or building

B **Choose the correct words to fill in the blanks.**

eleventh   year   third   week

1. There are 7 days in a ....

2. There are 12 months in a ....

3. March is the .... month of the year.

4. November is the .... month of the year.

Choose the correct words.

1. (*There is* / *There are*) 7 days a week.

2. (*There is* / *There are*) 12 months in a year.

3. (*There is* / *There are*) a man on the sofa.

Summary

Fill in the blanks with the correct words to summarize the passage.

twelfth   months   order   weeks   days

A calendar shows the days, ..., and months of a

particular year. There are 7 .... in a week.

There are 12 .... in a year. January is the first

month of the year, and December is the .... month

of the year. Many months have 31 days. You should learn to

say the ordinal numbers from thirteenth to thirty-first in

....

A Write the correct words and the meanings in Korean.

1.

unhappy or anxious

`word` ....   `meaning` ....

2.

a small, round mark or spot

`word` ....   `meaning` ....

3.

a thing that you can see and touch

`word` ....   `meaning` ....

4.

a group of similar things that belong together

`word` ....   `meaning` ....

B Choose the correct words to fill in the blanks.

| hours | popular | year | photograph |

1. There are 12 months in a ....

2. A self-portrait does not have to look like a ....

3. Still-life painting has been .... since the 17th century.

4. In 5:35, the number to the left of the colon tells the ....

C Write the correct words in the blanks. Then circle those words in the puzzle.

1. to go by: _____
2. to make a picture using colors: _____
3. to get knowledge or skill by studying: _____
4. one of the sides of a room or building: _____
5. plates, cups, or other things made of baked clay: _____
6. something that is mentioned to help explain: _____

z	p	s	u	p	w	a	k
u	e	c	p	l	a	q	y
b	x	h	w	i	l	s	c
p	a	i	n	t	l	r	s
u	m	n	i	t	j	e	s
v	p	a	q	b	w	a	a
c	l	u	l	e	a	r	n
t	e	y	a	c	e	i	k

A **Choose the correct words.**

1. There (*are* / *is*) 12 months in a year.

2. Sometimes an artist paints a portrait of (*himself* / *him*).

3. The two dots ":" are called (*a* / *an*) colon.

4. Will they (*came* / *come*) here?

B **Correct the underlined parts and then rewrite the sentences.**

1. Thirty minutes is half a hour.

   →

2. Does light will fall here?

   →

3. You can paint you in many different ways.

   →

	founding father	창시자, 창립자
☐ ☐	army	명 군대
☐ ☐	republic	명 공화국
☐ ☐	liberty	명 자유
☐ ☐	soldier	명 군인
☐ ☐	blacksmith	명 대장장이
☐ ☐	shoemaker	명 구두 만드는 사람
☐ ☐	carpenter	명 목수
☐ ☐	shopkeeper	명 가게 주인
☐ ☐	battle	명 전투
☐ ☐	hardship	명 고난, 역경
☐ ☐	command	동 지휘하다, 명령하다
☐ ☐	mighty	형 강력한, 막강한
☐ ☐	admire	동 존경하다
☐ ☐	praise	동 칭송하다, 칭찬하다

	step	명 조지, 움직임
☐ ☐	free	형 자유로운
☐ ☐	leader	명 지도자
☐ ☐	sign	동 서명하다
☐ ☐	declaration	명 선언서, 선언
☐ ☐	independence	명 독립
☐ ☐	celebrate	동 기념하다, 축하하다
☐ ☐	create	동 만들다, 창조하다
☐ ☐	creator	명 창조주, 조물주
☐ ☐	give	동 주다
☐ ☐	certain	형 특정한
☐ ☐	right	명 권리
☐ ☐	take away	~을 빼앗다
☐ ☐	decide	동 결정하다
☐ ☐	listen	동 듣다

UNIT 12 Benjamin Franklin

- first 형 최초의
- discovery 명 발견
- electricity 명 전기
- experiment 통 실험하다
- willing 형 기꺼이 ~하는
- still 부 아직
- printing 명 인쇄
- publish 통 출판하다
- teach oneself 독학하다
- language 명 언어
- send 통 파견하다
- hope 통 바라다
- fight 명통 싸움, 전투
- convince 통 설득하다
- troop 명 군대, 병력

UNIT 09 Taxes

- colony 명 식민지
- grow 통 발전하다, 성장하다
- colonist 명 식민지 주민
- proud 형 자랑스러워하는
- rule 통 통치하다, 다스리다
- accept 통 받아들이다
- order 통 명령하다
- pay 통 지불하다
- tax 명 세금
- stamp 명 우표
- extra 형 추가의
- as well 부 게다가, (~도) 또한
- straight 부 곧장, 곧바로
- lots of 많은
- expensive 형 값비싼, 돈이 많이 드는

☐☐	pig	명 돼지
☐☐	send out	~을 내보내다
☐☐	build	동 짓다, (불을) 피우다
☐☐	straw	명 짚, 밀짚
☐☐	stick	명 나무토막, 나뭇가지
☐☐	brick	명 벽돌
☐☐	blow down	~을 불어 넘어뜨리다
☐☐	eat up	~을 먹어치우다
☐☐	gobble	동 모조리 먹어치우다
☐☐	in vain	헛되이
☐☐	chimney	명 굴뚝
☐☐	fireplace	명 벽난로
☐☐	burn	동 화상을 입히다
☐☐	run away	도망치다
☐☐	for good	영원히

☐☐	capital	명 수도
☐☐	name after	~의 이름을 따서 짓다
☐☐	president	명 대통령
☐☐	stand for	~을 나타내다
☐☐	special	형 특별한
☐☐	state	명 주(州)
☐☐	museum	명 박물관
☐☐	monument	명 기념물, 기념비
☐☐	statue	명 조각상
☐☐	respect	명 존경
☐☐	congress	명 의회, 국회
☐☐	oval	형 타원형이
☐☐	official	형 공식의
☐☐	dining room	식당
☐☐	up to	~까지, ~만큼

UNIT 14 The Blind Men and the Elephant

- ☐☐☐ blind — 웹 눈이 먼
- ☐☐☐ huge — 웹 거대한
- ☐☐☐ side — 웹 옆구리, 옆
- ☐☐☐ announce — 웹 발표하다, 알리다
- ☐☐☐ sharp — 웹 날카로운
- ☐☐☐ tusk — 웹 엄니, 상아
- ☐☐☐ spear — 웹 창
- ☐☐☐ be similar to — ~와 비슷하다
- ☐☐☐ actually — 웹 실제로, 정말로
- ☐☐☐ fan — 웹 부채
- ☐☐☐ grab — 웹 붙잡다
- ☐☐☐ tickle — 웹 간지럽게 태우다
- ☐☐☐ trunk — 웹 (코끼리의) 코
- ☐☐☐ startle — 웹 깜짝 놀라게 하다
- ☐☐☐ push away — ~을 밀어내다

UNIT 07 Leaders and Governments

- ☐☐☐ vote — 웹 투표하다 웹 투표
- ☐☐☐ choose — 웹 선택하다
- ☐☐☐ election — 웹 선거
- ☐☐☐ government — 웹 정부
- ☐☐☐ elect — 웹 선출하다
- ☐☐☐ appoint — 웹 임명하다
- ☐☐☐ position — 웹 직위, 신분
- ☐☐☐ council — 웹 의회
- ☐☐☐ law — 웹 법
- ☐☐☐ mayor — 웹 시장
- ☐☐☐ follow — 웹 따르다
- ☐☐☐ judge — 웹 판사
- ☐☐☐ make a decision — 결정을 하다
- ☐☐☐ fair — 웹 공평한, 공정한
- ☐☐☐ court — 웹 법원, 법정

UNIT 15 Opera

- [ ] play 명 연극
- [ ] instead 부 대신에
- [ ] put on ~을 입다
- [ ] costume 명 의상
- [ ] onstage 부 무대 위로
- [ ] actor 명 배우
- [ ] stage 명 무대
- [ ] line 명 (연극의) 대사
- [ ] while 접 ~하는 동안에
- [ ] perform 동 공연하다
- [ ] composer 명 작곡가
- [ ] language 명 언어
- [ ] such as ~와 같은
- [ ] even if ~이라 하더라도
- [ ] understand 동 이해하다

UNIT 06 Planets

- [ ] planet 명 행성
- [ ] large 형 큰
- [ ] object 명 물체
- [ ] orbit 동 궤도를 그리며 돌다
- [ ] solar system 태양계
- [ ] used to ~였다, ~하곤 했다
- [ ] be known as ~으로 알려져 있다
- [ ] astronomical 형 천문학의
- [ ] decide 동 결정하다
- [ ] dwarf 형 아주 작은, 소형의
- [ ] instead 부 (그) 대신에
- [ ] occasionally 부 때때로, 가끔
- [ ] close 형 가까운
- [ ] farthest 부 가장 멀리 (far의 최상급)
- [ ] ball-shaped 형 공 모양의

□□□	dancer	명 무용수
□□□	special	형 특별한
□□□	training	명 훈련
□□□	through	전 ~을 통해
□□□	move	동 움직이다
□□□	practice	동 연습하다
□□□	for years	수년간
□□□	need to	~해야 하다
□□□	work at	~하려고 열심히 노력하다
□□□	balance	동 균형을 유지하다
□□□	control	동 제어하다, 통제하다
□□□	tip	명 (뾰족한) 끝
□□□	toe	명 발가락
□□□	spin	동 (빙빙) 돌다, 회전하다
□□□	leap	명 도약, 높이뛰기

□□□	be made up of	~으로 구성되다
□□□	molecule	명 분자
□□□	consist of	~으로 구성되다
□□□	atom	명 원자
□□□	appear	동 ~처럼 보이다, ~인 것 같다
□□□	scatter	동 흩어지다
□□□	light	동 비추다, 밝게 하다 명 빛
□□□	during	전 ~ 동안
□□□	warm	동 ~을 따뜻하게 하다
□□□	far	부 이득히, 멀리
□□□	rise	동 (해·달 등이) 뜨다
□□□	set	동 (해·달 등이) 지다
□□□	about	부 약, 대략
□□□	quarter	명 4분의 1의
□□□	go around	~의 주위를 돌다

☐☐	artist	명	화가
☐☐	paint	동	(그림물감으로) 그리다
☐☐	portrait	명	초상화
☐☐	self-portrait	명	자화상
☐☐	look like		~인 것처럼 보이다
☐☐	photograph	명	사진
☐☐	Dutch	형	네덜란드의
☐☐	painter	명	화가
☐☐	show	동	보여 주다
☐☐	seem	동	(~처럼) 보이다
☐☐	calm	형	차분한, 조용한
☐☐	worried	형	걱정스러운, 걱정하는
☐☐	feeling	명	느낌
☐☐	painting	명	그림
☐☐	triple	형	3중의

☐☐☐	fall	명	가을
☐☐☐	harvest	동	수확하다
☐☐☐	crop	명	농작물, 작물
☐☐☐	last	동	계속되다, 이어지다
☐☐☐	about	부	거의
☐☐☐	length	명	(시간의) 길이, 기간
☐☐☐	decrease	동	줄다, 감소하다
☐☐☐	windier	형	바람이 더 많이 부는 (windy의 비교급)
☐☐☐	look for		~을 찾다
☐☐☐	store	동	저장하다
☐☐☐	winter	명	겨울
☐☐☐	die	동	죽다
☐☐☐	because of	전	~ 때문에
☐☐☐	reduce	동	줄이다
☐☐☐	fewer	형	(수가) 더 적은 (few의 비교급)

접는선

☐☐☐	painting	명	그림, 회화
☐☐☐	still life		정물화
☐☐☐	object	명	물건, 물체
☐☐☐	include	동	포함하다
☐☐☐	popular	형	인기 있는, 대중적인
☐☐☐	since	전	~ 이후 쭉
☐☐☐	raise	동	(수준 등을) 끌어올리다
☐☐☐	fine art		예술
☐☐☐	china	명	도자기, 도자기 그릇
☐☐☐	silverware	명	은제품, 은식기류
☐☐☐	furniture	명	가구
☐☐☐	once	부	일단 (~하기만 하면)
☐☐☐	arrange	동	배열하다
☐☐☐	several	형	몇몇의
☐☐☐	texture	명	질감

☐☐☐	season	명	계절
☐☐☐	leaf	명	잎 (복수형은 leaves)
☐☐☐	appear	동	나타나다
☐☐☐	weather	명	날씨
☐☐☐	tilt	동	기울다
☐☐☐	toward	전	~을 향하여
☐☐☐	sunlight	명	햇빛
☐☐☐	grow	동	자라다, 키우다
☐☐☐	breed	동	번식하다
☐☐☐	hottest	형	가장 더운 (hot의 최상급)
☐☐☐	solstice	명	지점
☐☐☐	wet	형	비가 오는, 궂은
☐☐☐	fruit	명	열매, 과일
☐☐☐	with the help of		~의 도움으로
☐☐☐	lots of		많은

☐☐☐	minute	명 분
☐☐☐	hand	명 (시, 분, 초) 침
☐☐☐	move	통 이동하다
☐☐☐	pass	통 (시간이) 지나다
☐☐☐	example	명 예시, 보기
☐☐☐	between	전 ~의 사이에
☐☐☐	mean	통 의미하다
☐☐☐	yet	부 아직
☐☐☐	another	형 또 하나의
☐☐☐	write	통 쓰다, 적다
☐☐☐	dot	명 점
☐☐☐	colon	명 콜론
☐☐☐	tell	통 말하다, 알리다
☐☐☐	clock	명 시계
☐☐☐	half	명 반, 절반

☐☐	cloud	명 구름
☐☐	be made of	~으로 구성되다
☐☐	drop	명 방울
☐☐	piece	명 조각
☐☐	form	통 형성되다
☐☐	naturally	부 자연적으로
☐☐	fall	통 떨어지다
☐☐	shape	명 모양, 형태
☐☐	warm	통 따뜻하게 하다
☐☐	turn into	~으로 변하다
☐☐	vapor	명 증기
☐☐	mass	명 덩어리
☐☐	crystal	명 결정체
☐☐	sleet	명 진눈깨비
☐☐	hail	명 싸락눈, 우박

접는선

☐☐☐	calendar	명 달력
☐☐☐	set	명 세트, 모음
☐☐☐	show	동 보여 주다
☐☐☐	day	명 날
☐☐☐	week	명 주
☐☐☐	month	명 월, 달
☐☐☐	particular	형 특정한
☐☐☐	year	명 해, 연도
☐☐☐	usually	부 보통, 대개
☐☐☐	hang	동 걸다
☐☐☐	wall	명 벽
☐☐☐	There are ~	~이 있다
☐☐☐	learn	동 배우다
☐☐☐	ordinal number	서수
☐☐☐	in order	순서대로, 차례로

☐☐☐	weather	명 날씨
☐☐☐	happen	동 일어나다, 발생하다
☐☐☐	in other words	다른 말로 하면, 즉
☐☐☐	sunny	형 화창한
☐☐☐	cloudy	형 구름이 낀
☐☐☐	rainy	형 비가 내리는
☐☐☐	snowy	형 눈이 오는
☐☐☐	dry	형 건조한
☐☐☐	include	동 ~을 포함하다
☐☐☐	affect	동 ~에 영향을 미치다
☐☐☐	temperature	명 기온, 온도
☐☐☐	climate	명 기후
☐☐☐	measure	동 측정하다
☐☐☐	instrument	명 도구
☐☐☐	figure out	~을 알아내다

Word List 활용법

의미를 아는 단어에는 V 표시를 하세요.

표시되지 않은 단어들을 중심으로 학습한 후, 다시 한 번 V 표시를 하며 단어들을 숙지했는지 점검해 보세요.

* 본책과 분리하여 사용하세요. (점선을 따라 자른 후 반으로 접으면 책 형태의 단어장이 됩니다.)

영어 리딩의 최종 목적지, 논픽션 리딩에 강해지는

READING
미국교과서 읽는
LEVEL 4 ③

논픽션 독해력 미국 교과과정의 핵심 지식 습득과 독해력 향상

문제 해결력 지문 내용을 완전히 소화하도록 하는 수준별 독해 유형 연습

통합사고력 배경지식과 새로운 정보를 연결하여 내 것으로 만드는 연습

자기주도력 스스로 계획하고 성취도를 점검하는 자기주도 학습 습관 형성

Word List

READING
미국교과서 읽는
4.3

4.3

미국교과서 리딩

READING

Workbook & Answer Key

미국교과서 리딩 READING

LEVEL 4 ③

Workbook

길벗스쿨

A Look, choose, and write.

1.

2.

3.

| measure |
| cloudy |
| temperature |
| rainy |
| dry |
| sky |

4.

5.

6.

B Look, read, and circle.

1.

We had a lot of 　ⓐ rain　 this year.
　　　　　　　　ⓑ snow

2.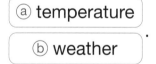

They enjoyed the sunny 　ⓐ temperature　.
　　　　　　　　　　　ⓑ weather

3.

It is an 　ⓐ instrument　 to measure wind.
　　　　ⓑ instruction

4.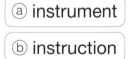

The 　ⓐ water　 in this area in mild.
　　ⓑ climate

A **Look, choose, and write.**

1.

2.

3.

vapor

warm

cloud

drops

hail

crystal

4.

5.

6.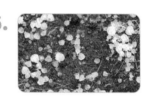

B **Look, read, and circle.**

1.

Do you know how
ⓐ clouds
ⓑ sizes
are made?

2.

Smoke is
ⓐ falling
ⓑ rising
from the chimney.

3.

ⓐ Drops
ⓑ Crystals
of rain are falling from the sky.

4.

Warmed water
ⓐ turns into
ⓑ goes into
vapor.

Spring and Summer

A Look, choose, and write.

1.

2.

3.

season

breed

wet

tilt

leaves

fruit

4.

5.

6.

B Look, read, and circle.

1.

The building is
ⓐ wet
ⓑ tilted
.

2.

ⓐ Spring
ⓑ Winter
 has arrived.

3.

We play in water in
ⓐ winter
ⓑ summer
.

4.

The tree has a lot of
ⓐ fruit
ⓑ seasons
.

4

Unit 04 Fall and Winter

A Look, choose, and write.

1.

2.

3.

4.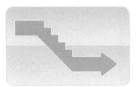

5.

6.

harvest

look for

crop

store

decrease

length

B Look, read, and circle.

1.

The tree ⓐ lost / ⓑ found all its leaves.

2.

The leaves ⓐ turned / ⓑ tilted yellow, red, and brown.

3.

Leaves fall in ⓐ autumn / ⓑ summer.

4.

They sell them at a ⓐ high / ⓑ reduced price.

The Sky Above

A Look, choose, and write.

1.  _____

2. _____

3. _____

| set |
| quarter |
| far away |
| light |
| scatter |
| moon |

4. _____

5. _____

6. _____

B Look, read, and circle.

1.  The wind ⓐ scattered ⓑ appeared the leaves.

2.  His breakfast ⓐ consists of ⓑ goes around vegetables.

3.  The sun ⓐ looks ⓑ sets in the west.

4.  The night was ⓐ lit up ⓑ made of by the moon.

Unit 06   **Planets**

A   Look, choose, and write.

1.

2.

3.

| planets |
| brighter |
| close |
| orbit |
| object |
| larger |

4.

5.

6.

B   Look, read, and circle.

1.
This is a picture of our   ⓐ sun   ⓑ solar   system.

2.
She bought a   ⓐ closest   ⓑ ball-shaped   candy.

3.
My house is the   ⓐ farthest   ⓑ bigger   from here.

4.
The girl is the   ⓐ smallest   ⓑ closest   to the teacher.

Leaders and Governments

A Look, choose, and write.

1.

2.

3.

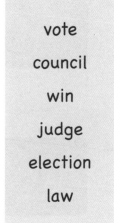

vote

council

win

judge

election

law

4.

5.

6.

_____

_____

_____

B Look, read, and circle.

1.

Judges work in a ⓐ court / ⓑ council .

2. He was ⓐ elected / ⓑ followed by vote.

3. Judges make many ⓐ laws / ⓑ decisions every day.

4.

The man is a great ⓐ leader / ⓑ judge .

The Capital and the White House

A Look, choose, and write.

1.

2.

3.

4.

5.

6.

capital

respect

statue

state

dinning room

president

_____

B Look, read, and circle.

1.

Lincoln was one of the greatest
ⓐ presidents
ⓑ governments
.

2.

Egypt has many ancient
ⓐ monuments
ⓑ capitals
.

3.

I want to
ⓐ show
ⓑ visit
the White House.

4.

VIP
ⓐ stands for
ⓑ names after
Very Important Person.

Unit 09 Taxes

A Look, choose, and write.

1.

2.

3.

pay
accept
stamp
grow
expensive
order

4.

5.

6.

B Look, read, and circle.

1.  We all have to pay
   - ⓐ war
   - ⓑ taxes

2.  I have pants.
   - ⓐ extra
   - ⓑ proud

3.  She could not his offer.
   - ⓐ accept
   - ⓑ order

4.  She was very of her son.
   - ⓐ proud
   - ⓑ expensive

Unit 10 A Nation Is Born

A Look, choose, and write.

1.

2.

3.

sign
free
step
listen
equal
celebrate

4.

5.

6.

_____ _____ _____

B Look, read, and circle.

1.

The chef a new dish.
ⓐ created
ⓑ signed

2.

Everyone has the to speak.
ⓐ step
ⓑ right

3.

She cannot which to choose.
ⓐ decide
ⓑ rule

4.

He was happy to have his room.
ⓐ own
ⓑ equal

George Washington

A Look, choose, and write.

1.

2.

3.

carpenter

liberty

soldier

battle

blacksmith

army

4.

5.

6.

B Look, read, and circle.

1.

The captain
  ⓐ commands
  ⓑ praises
his ship.

2.

She is
  ⓐ sending
  ⓑ leading
a discussion.

3.

Our team won the
  ⓐ hardship
  ⓑ victory
.

4.

The chef was
  ⓐ praised
  ⓑ led
by customers.

A   Look, choose, and write.

1.

2.

3.

4.

5.

6.

discovery

experiment

printing

convince

troop

electricity

B   Look, read, and circle.

1.

   Scientists are
   ⓐ experimenting
   ⓑ convincing
   at a lab.

2.

   He started
   ⓐ publishing
   ⓑ fighting
   a newspaper.

3.

   He tried to
   ⓐ discover
   ⓑ convince
   her to come with him.

4.

   He was
   ⓐ against
   ⓑ willing
   to help her.

The Three Little Pigs

A Look, choose, and write.

1.

_____

2.

_____

3.

_____

gobble

stick

fireplace

straw

chimney

brick

4.

_____

5.

_____

6.

_____

B Look, read, and circle.

1.

They are building a ⓐ brick house.
ⓑ stick

2.

The man is wearing a ⓐ stick hat.
ⓑ straw

3.

He ⓐ gobbled off the dust.
ⓑ blew

4.

The dog ⓐ fell down from the boy.
ⓑ ran away

A Look, choose, and write.

1.

2.

3.

tickle

tusk

startle

spear

blind

trunk

4.

5.

6.

B Look, read, and circle.

1.

The man is balancing on a
ⓐ snake
ⓑ rope .

2.

He is drawing on the
ⓐ wall
ⓑ ground .

3.

She is on the
ⓐ trunk
ⓑ back
of an elephant.

4.

I was
ⓐ tickled
ⓑ startled
by the sound.

Opera

A Look, choose, and write.

1.

2.

3.

orchestra

composer

instead

perform

costume

onstage

4.

5.

6.

B Look, read, and circle.

1.

This is a famous
ⓐ opera
ⓑ vacation
house.

2.

The woman is wearing a
ⓐ hat
ⓑ costume
.

3.

I can say hello in many different
ⓐ countries
ⓑ languages
.

4.

She didn't seem to
ⓐ understand
ⓑ perform
my words.

A   Look, choose, and write.

1.

2.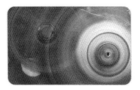

3.

| tip |
| leap |
| ballet |
| balance |
| spin |
| control |

4.

5.

6.

_____

B   Look, read, and circle.

1.

They are having special
  ⓐ training
  ⓑ stories
.

2.

The ball is
  ⓐ spinning
  ⓑ leaping
on his fingertip.

3.

Let's
  ⓐ play
  ⓑ leap
over the stream.

4.

She lost her
  ⓐ balance
  ⓑ body
.

Self-Portraits

A Look, choose, and write.

1.  _____

2.  _____

3.  _____

4.  _____

5.  _____

6.  _____

paint

self-portrait

calm

worried

artist

photograph

B Look, read, and circle.

1.  She took a picture of
   - ⓐ her
   - ⓑ herself

2.  It is a _____ window.
   - ⓐ triple
   - ⓑ self

3.  How does he _____ in his self-portrait?
   - ⓐ touch
   - ⓑ seem

4.  We had a lot of _____ at the party.
   - ⓐ fun
   - ⓑ ideas

Unit 18 **Still Lifes**

A Look, choose, and write.

1.

2.

3.

furniture

silverware

arrange

painting

still life

china

4.

5.

6.

B Look, read, and circle.

1.

Animals are not in this painting.

ⓐ included

ⓑ popular

2.

You can paint any .

ⓐ objects

ⓑ artists

3.

He painted objects.

ⓐ moving

ⓑ still

4.

Flowers are objects in art.

ⓐ different

ⓑ popular

How to Tell Time

A Look, choose, and write.

1.

2.

3.

4.

5.

6.

hand

dot

clock

example

half

colon

B Look, read, and circle.

1. It is ten minutes
   ⓐ after
   ⓑ before
   ten.

2. It is not
   ⓐ yet
   ⓑ still
   two o'clock.

3. It is half
   ⓐ next
   ⓑ past
   five.

4. Do you know
   ⓐ what
   ⓑ how
   to tell time?

A Look, choose, and write.

1.

_____

2.

_____

3.

_____

| calendar |
| set |
| week |
| hang |
| wall |
| learn |

4.

_____

5.

_____

6.

_____

B Look, read, and circle.

1.

There are 365 days in a _____ .

ⓐ year
ⓑ month

2.

It is _____ now.

ⓐ July
ⓑ August

3.

Most _____ numbers end in "th".

ⓐ ordinal
ⓑ usual

4.

It is the last _____ of the month.

ⓐ day
ⓑ week

Unit 01

A 그림에 알맞은 단어를 골라 쓰세요.

1. cloudy   **2.** measure   **3.** dry
4. rainy   **5.** sky   **6.** temperature

B 그림을 보고 알맞은 단어에 동그라미 하세요.

1. 올해 많은 눈이 내렸습니다.   [ⓑ]
2. 그들은 화창한 날씨를 즐겼습니다.   [ⓑ]
3. 그것은 바람을 측정하기 위한 도구입니다.   [ⓐ]
4. 이 지역의 기후는 온화합니다.   [ⓑ]

Unit 02

A 그림에 알맞은 단어를 골라 쓰세요.

1. warm   **2.** cloud   **3.** vapor
4. drops   **5.** crystal   **6.** hail

B 그림을 보고 알맞은 단어에 동그라미 하세요.

1. 구름이 어떻게 만들어지는지 압니까?   [ⓐ]
2. 굴뚝에서 연기가 올라오고 있습니다.   [ⓑ]
3. 하늘에서 빗방울들이 떨어지고 있습니다.   [ⓐ]
4. 따뜻해진 물은 수증기로 변합니다.   [ⓐ]

Unit 03

A 그림에 알맞은 단어를 골라 쓰세요.

1. wet   **2.** fruit   **3.** tilt
4. breed   **5.** season   **6.** leaves

B 그림을 보고 알맞은 단어에 동그라미 하세요.

1. 그 건물은 기울어졌습니다.   [ⓑ]
2. 봄이 왔습니다.   [ⓐ]
3. 우리는 여름에 물에서 놉니다.   [ⓑ]
4. 그 나무에 많은 열매가 열렸습니다.   [ⓐ]

Unit 04

A 그림에 알맞은 단어를 골라 쓰세요.

1. crop   **2.** store   **3.** harvest
4. decrease   **5.** length   **6.** look for

B 그림을 보고 알맞은 단어에 동그라미 하세요.

1. 그 나무의 잎들이 다 떨어졌습니다.   [ⓐ]
2. 그 나뭇잎들은 노란색, 빨간색, 그리고 갈색으로 변했습니다.
                                                      [ⓐ]
3. 잎들은 가을이 떨어집니다.   [ⓐ]
4. 그들은 그것들을 할인된 가격으로 판매합니다.   [ⓑ]

Unit 05

A 그림에 알맞은 단어를 골라 쓰세요.

1. set   **2.** light   **3.** scatter
4. far away   **5.** moon   **6.** quarter

B 그림을 보고 알맞은 단어에 동그라미 하세요.

1. 바람이 나뭇잎을 흩뿌렸습니다.   [ⓐ]
2. 그의 아침식사는 채소로 구성되어 있습니다.   [ⓐ]
3. 해는 서쪽에서 집니다.   [ⓑ]
4. 밤은 달에 의해 환하게 밝았습니다.   [ⓐ]

Unit 06

A 그림에 알맞은 단어를 골라 쓰세요.

1. object   **2.** close   **3.** orbit
4. larger   **5.** brighter   **6.** planets

B 그림을 보고 알맞은 단어에 동그라미 하세요.

1. 이것은 우리 태양계의 사진입니다.   [ⓑ]
2. 그녀는 공 모양의 사탕을 샀습니다.   [ⓑ]
3. 저의 집은 여기서 가장 멀리 있습니다.   [ⓐ]
4. 그 소녀는 선생님에게 가장 가까이 있습니다.   [ⓑ]

Unit 07

A 그림에 알맞은 단어를 골라 쓰세요.

1. judge   **2.** vote   **3.** election
4. law   **5.** council   **6.** win

B 그림을 보고 알맞은 단어에 동그라미 하세요.

1. 판사는 법원에서 일합니다.   [ⓐ]
2. 그는 투표로 선출되었습니다.   [ⓐ]
3. 판사는 매일 많은 결정을 합니다.   [ⓑ]

4. 그 남자는 훌륭한 지도자입니다. [ⓐ]

Unit 08

Ⓐ 그림에 알맞은 단어를 골라 쓰세요.

1. respect **2.** statue **3.** dinning room
4. capital **5.** president **6.** state

Ⓑ 그림을 보고 알맞은 단어에 동그라미 하세요.

1. 링컨은 가장 위대한 대통령들 중 한 사람이었습니다. [ⓐ]
2. 이집트에는 많은 기념물들이 있습니다. [ⓐ]
3. 저는 백악관을 방문하고 싶습니다. [ⓑ]
4. VIP는 매우 중요한 사람을 뜻합니다. [ⓐ]

Unit 09

Ⓐ 그림에 알맞은 단어를 골라 쓰세요.

1. stamp **2.** order **3.** grow
4. accept **5.** pay **6.** expensive

Ⓑ 그림을 보고 알맞은 단어에 동그라미 하세요.

1. 우리는 모두 세금을 내야 합니다. [ⓑ]
2. 저는 여분의 바지가 있습니다. [ⓐ]
3. 그녀는 그의 제안을 받아들일 수 없었습니다. [ⓐ]
4. 그녀는 그녀의 아들이 매우 자랑스러웠습니다. [ⓐ]

Unit 10

Ⓐ 그림에 알맞은 단어를 골라 쓰세요.

1. free **2.** listen **3.** sign
4. celebrate **5.** equal **6.** step

Ⓑ 그림을 보고 알맞은 단어에 동그라미 하세요.

1. 그 요리사는 새로운 요리를 만들었습니다. [ⓐ]
2. 모두 말할 권리가 있습니다. [ⓑ]
3. 그녀는 어느 것을 선택할지 결정할 수 없습니다. [ⓐ]
4. 그는 자신의 방을 갖게 되어 행복했습니다. [ⓐ]

Unit 11

Ⓐ 그림에 알맞은 단어를 골라 쓰세요.

1. soldier **2.** army **3.** battle
4. liberty **5.** carpenter **6.** blacksmith

Ⓑ 그림을 보고 알맞은 단어에 동그라미 하세요.

1. 그 선장은 그의 배를 지휘합니다. [ⓐ]
2. 그녀는 토론을 이끌고 있습니다. [ⓑ]
3. 우리 팀이 승리했습니다. [ⓑ]
4. 그 요리사는 손님들에 의해 칭송을 받았습니다. [ⓐ]

Unit 12

Ⓐ 그림에 알맞은 단어를 골라 쓰세요.

1. experiment **2.** convince **3.** troop
4. electricity **5.** discovery **6.** printing

Ⓑ 그림을 보고 알맞은 단어에 동그라미 하세요.

1. 과학자들이 연구실에서 실험을 하고 있습니다. [ⓐ]
2. 그는 신문을 발행하기 시작했습니다. [ⓐ]
3. 그는 같이 가자고 그녀를 설득하려 했습니다. [ⓑ]
4. 그는 기꺼이 그녀를 도왔습니다. [ⓑ]

Unit 13

Ⓐ 그림에 알맞은 단어를 골라 쓰세요.

1. brick **2.** stick **3.** straw
4. gobble **5.** fireplace **6.** chimney

Ⓑ 그림을 보고 알맞은 단어에 동그라미 하세요.

1. 그들은 벽돌집을 짓고 있습니다. [ⓐ]
2. 그 남자는 밀짚모자를 쓰고 있습니다. [ⓑ]
3. 그는 먼지를 불었습니다. [ⓑ]
4. 그 개는 그 소년으로부터 도망갔습니다. [ⓑ]

Unit 14

Ⓐ 그림에 알맞은 단어를 골라 쓰세요.

1. startle **2.** tickle **3.** spear
4. trunk **5.** blind **6.** tusk

Ⓑ 그림을 보고 알맞은 단어에 동그라미 하세요.

1. 그는 밧줄 위에서 균형을 잡고 있습니다. [ⓑ]

2. 그는 벽에 그리고 있습니다. [ⓐ]

3. 그녀는 코끼리 코 위에 있습니다. [ⓐ]

4. 저는 그 소리에 깜짝 놀랐습니다. [ⓑ]

Unit 15

Ⓐ 그림에 알맞은 단어를 골라 쓰세요.

1. onstage   **2.** perform   **3.** costume

4. composer   **5.** orchestra   **6.** instead

Ⓑ 그림을 보고 알맞은 단어에 동그라미 하세요.

1. 이것은 유명한 오페라 하우스입니다. [ⓐ]

2. 그 여자는 의상을 입고 있습니다. [ⓑ]

3. 저는 많은 다른 언어로 안녕이라고 말할 수 있습니다. [ⓑ]

4. 그녀는 나의 말을 이해하는 것처럼 보이지 않았습니다. [ⓐ]

Unit 16

Ⓐ 그림에 알맞은 단어를 골라 쓰세요.

1. leap   **2.** spin   **3.** control

4. balance   **5.** ballet   **6.** tip

Ⓑ 그림을 보고 알맞은 단어에 동그라미 하세요.

1. 그들은 특별한 훈련을 하고 있습니다. [ⓐ]

2. 그 공은 그의 손가락 끝에서 회전하고 있습니다. [ⓐ]

3. 냇물을 뛰어넘읍시다. [ⓑ]

4. 그녀는 균형을 잃었습니다. [ⓐ]

Unit 17

Ⓐ 그림에 알맞은 단어를 골라 쓰세요.

1. calm   **2.** photograph   **3.** paint

4. worried   **5.** self-portrait   **6.** artist

Ⓑ 그림을 보고 알맞은 단어에 동그라미 하세요.

1. 그녀는 그녀 자신의 사진을 찍었습니다. [ⓑ]

2. 그것은 삼중 창문입니다. [ⓐ]

3. 그는 그의 자화상에서 어떻게 보입니까? [ⓑ]

4. 우리는 그 파티에서 매우 즐거운 시간을 보냈습니다. [ⓐ]

Unit 18

Ⓐ 그림에 알맞은 단어를 골라 쓰세요.

1. china   **2.** silverware   **3.** furniture

4. still life   **5.** painting   **6.** arrange

Ⓑ 그림을 보고 알맞은 단어에 동그라미 하세요.

1. 이 그림에 동물들은 포함되어 있지 않습니다. [ⓐ]

2. 당신은 아무 물체나 그릴 수 있습니다. [ⓐ]

3. 그는 정지된 물체를 그렸습니다. [ⓑ]

4. 예술에서 꽃은 인기 있는 물체입니다. [ⓑ]

Unit 19

Ⓐ 그림에 알맞은 단어를 골라 쓰세요.

1. dot   **2.** clock   **3.** example

4. half   **5.** colon   **6.** hand

Ⓑ 그림을 보고 알맞은 단어에 동그라미 하세요.

1. 10시 10분입니다. [ⓐ]

2. 아직 2시가 아닙니다. [ⓐ]

3. 5시 반입니다. [ⓑ]

4. 시간을 말하는 법을 아십니까? [ⓑ]

Unit 20

Ⓐ 그림에 알맞은 단어를 골라 쓰세요.

1. set   **2.** hang   **3.** wall

4. learn   **5.** calendar   **6.** week

Ⓑ 그림을 보고 알맞은 단어에 동그라미 하세요.

1. 1년에 365일이 있습니다. [ⓐ]

2. 현재 8월입니다. [ⓑ]

3. 대부분의 서수는 'th'로 끝납니다. [ⓐ]

4. 달의 마지막 주입니다. [ⓑ]

미국교과서 리딩 READING

LEVEL 4 ③

Answer Key

길벗스쿨

p.14

| 본문 해석 | 날씨

날씨는 하늘에서 발생하는 것입니다. 다른 말로 하면 날씨는 곧 하늘과 대기의 상태입니다. 하늘은 맑거나 구름이 낄 수 있습니다. 대기에 비가 오거나 눈이 내리거나 건조할 수 있습니다.

날씨는 구름, 바람, 비, 그리고 눈을 포함합니다. 날씨는 태양에서 나오는 에너지의 영향을 받습니다. 태양은 공기를 따뜻하게 하고 기온을 변화시키는데, 기온이란 공기가 얼마나 덥냐 혹은 차가우냐 하는 것입니다. 바람은 공기를 이동시킵니다. 바람은 느리게 혹은 매우 빠르게 움직입니다. 기후는 한 지역에서 연중 다른 시기에 어떤 유형의 날씨가 생기는지 우리에게 알려 줍니다.

날씨를 측정하기 위해 도구를 사용할 수 있습니다. 어떤 도구는 기온을 측정합니다. 다른 도구는 바람이나 비를 측정합니다. 사람들은 앞으로 날씨가 어떨지 알아보기 위해 이러한 측정치들을 사용합니다.

| 정답 |

Comprehension Checkup A 1. b 2. b 3. c 4. c B 1. F 2. T

Vocabulary Focus A 1. c 2. a 3. d 4. b

B 1. happens 2. temperature 3. warms 4. Climate

Grammar Focus 1. be 2. includes 3. warms / changes

Summary affected / temperature / weather / measured / future

| 삽화 말풍선 문장 | p.14

① 날씨는 바람이 불거나, 비가 오거나, 눈이 오거나, 또는 맑을 수 있어.

② 우리는 몇몇 도구를 가지고 날씨를 측정할 수 있어.

| Vocabulary | p.15

• weather 명 날씨
• cloudy 형 구름이 낀
• rainy 형 비가 내리는
• snowy 형 눈 오는
• dry 형 건조한
• temperature 명 기온, 온도
• climate 명 기후
• measure 동 측정하다
• instrument 명 도구

| Reading Focus | p.15

• 날씨는 무엇인가요?
• 날씨를 측정하는 데 어떤 도구가 있나요?

| 본문 그림 자료 | p.16

• Instruments for measuring weather
  날씨를 측정하는 도구
• thermometer 온도계
• barometer 기압계
• anemometer 풍속계
• snow gauge 설량계

| 문제 정답 및 해석 | p.17

Comprehension Checkup

A 가장 알맞은 답을 고르세요.

1. 본문은 주로 무엇에 관한 글입니까? [b]
   a. 다양한 날씨의 상태
   b. 날씨에 관한 기본 지식
   c. 날씨를 측정하기 위한 도구

2. 기온은 무엇입니까? [b]

   a. 바람이 얼마나 세게 부는지

   b. 공기가 얼마나 뜨거운지, 혹은 얼마나 차가운지

   c. 무엇이 비를 내리게 하는지

3. 무엇이 공기를 따뜻하게 합니까? [c]

   a. 기후   **b.** 눈   **c.** 태양

4. 무엇이 도구로 측정될 수 없습니까? [c]

   a. 바람   **b.** 비   **c.** 구름

B 맞는 문장은 T를, 맞지 않는 문장은 F를 고르세요.

1. 태양으로부터 오는 에너지는 날씨에 영향을 끼치지 않습니다.

[F]

2. 날씨를 측정하는 것은 미래의 날씨를 알아내는 것을 돕습니다.

[T]

Vocabulary Focus

A 다음 단어를 알맞은 뜻과 연결하세요.

1. 측정하다 ---- **c.** 어떤 것의 크기, 길이, 또는 양을 알아내다

2. 도구 ---- **a.** 어떤 일을 하기 위해 사용하는 도구

3. 구름이 낀 ---- **d.** 구름이 많은

4. 건조한 ---- **b.** 물이 없는

B 다음 빈칸에 알맞은 단어를 고르세요.

기후 / 따뜻하게 하다 / 발생하다 / 온도

1. 날씨는 하늘에서 발생하는 것입니다. [happens]

2. 몇몇 도구들은 온도를 측정합니다. [temperature]

3. 태양은 공기를 따뜻하게 하고 기온을 변화시킵니다. [warms]

4. 기후는 한 지역에 어떤 날씨가 주로 발생하는 지를 우리에게
말해 줍니다. [Climate]

Grammar Focus

동사의 형태

주어 + can + 동사원형

3인칭 단수 주어 + [동사원형 + -(e)s]

조동사(can) 다음에는 항상 동사원형을 씁니다. 그러나 조동사 없
이 일반동사가 쓰인 현재 시제일 때 3인칭 단수 주어가 오면, 동사
원형에 -(e)s를 붙입니다.

알맞은 단어를 고르세요.

1. 대기는 비가 오거나 눈이 내리거나 건조할 수 있습니다. [be]

2. 날씨는 구름, 바람, 비, 그리고 눈을 포함합니다. [includes]

3. 태양은 공기를 따뜻하게 하고 기온을 변화시킵니다.

[warms / changes]

Summary

본문을 요약하기 위해 빈칸에 알맞은 단어를 골라 채우세요.

날씨 / 영향을 받는 / 기온 / 미래 / 측정된

Weather is affected by energy from the sun. The
air gets warmed by the sun, which changes the
temperature. Climate tells us what kinds of weather
happen in an area. Weather can be measured using
instruments. These measurements are used to figure
out what the weather will be like in the future.

날씨는 태양에서 나오는 에너지의 영향을 받습니다. 공기는 태양에
의해 따뜻해지고, 이것은 기온을 변화시킵니다. 기후는 한 지역에
서 어떠한 유형의 날씨가 발생하는지 우리에게 알려 줍니다. 날씨
는 도구를 이용하여 측정될 수 있습니다. 이러한 측정은 앞으로 날
씨가 어떨지를 알아보기 위해 사용됩니다.

p.20

| 본문 해석 | 비, 눈, 구름

구름은 공기 중의 수분입니다. 구름은 비와 눈이 나오는 곳입니다.

비는 매우 작은 물방울로 만들어지고, 눈은 자연적으로 형성된 매우 작은 얼음 조각으로 만들어집니다. 그것들은 하늘의 구름에서 떨어집니다. 눈의 모양과 크기는 다양합니다.

태양은 공기와 물을 가열합니다. 태양이 물을 가열하면 물의 일부가 증기로 변하는데, 증기는 공기 중으로 날아가는 작은 물방울 덩어리입니다. 수증기는 하늘로 올라갑니다. 수증기는 공기가 더 차가운 곳에서 다시 물방울로 변하거나 얼음 결정체로 변합니다. 우리는 이런 것들을 구름으로 봅니다. 물방울과 얼음 결정체는 비, 눈, 진눈깨비, 또는 싸락눈으로 다시 땅에 떨어집니다.

| 정답 |

Comprehension Checkup Ⓐ **1.**c **2.**b **3.**b **4.**c Ⓑ **1.**T **2.**F

Vocabulary Focus Ⓐ **1.**d **2.**c **3.**b **4.**a

　　　　　　　　　　 Ⓑ **1.**vapor **2.**drops **3.**form **4.**rises

Grammar Focus 　**1.**in **2.**from **3.**into

Summary 　　　　clouds / warms / up / turns / falls

| 삽화 말풍선 문장 | p.20

① 구름은 비와 눈이 나오는 곳이야.

② 태양이 물을 가열하면, 매우 작은 물방울들이 공기 중으로 들어가.

| Vocabulary | p.21

· cloud 명 구름

· drop 명 방울

· form 동 형성되다

· shape 명 모양

· warm 동 따뜻하게 하다

· vapor 명 증기

· mass 명 덩어리

· crystal 명 결정체

· sleet 명 진눈깨비

· hail 명 싸락눈, 우박

| Reading Focus | p.21

· 구름은 무엇입니까?

· 구름은 어디에서 어떻게 만들어지나요?

| 본문 그림 자료 | p.22

· The water cycle 물의 순환

· sunlight 햇빛

· rain or snow 비 또는 눈

· water vapor 수증기

| 문제 정답 및 해석 | p.23

Comprehension Checkup

Ⓐ **가장 알맞은 답을 고르세요.**

1. 본문은 주로 무엇에 관한 글입니까?　　　　　[c]

　　a. 다른 모양의 구름

　　b. 태양의 따뜻함과 수증기

　　c. 비, 눈, 그리고 구름의 형성

2. 구름은 무엇입니까?   [b]
    a. 공기 중의 먼지
    b. 공기 중의 물
    c. 공기 중의 결정체

3. 가열된 물은 무엇으로 변합니까?   [b]
    a. 얼음
    b. 증기
    c. 비

4. 본문에서 무엇을 추론할 수 있습니까?   [c]
    a. 눈은 모두 같은 모양입니다.
    b. 수증기는 공기 중에서 사라집니다.
    c. 태양은 구름이 형성되도록 돕습니다.

🅑 맞는 문장은 T를, 맞지 않는 문장은 F를 고르세요.

1. 구름에서 만들어진 물방울은 비로 떨어집니다.   [T]
2. 수증기는 땅 표면에 머무릅니다.   [F]

Vocabulary Focus

🅐 다음 단어를 알맞은 뜻과 연결하세요.

1. 구름 ---- **d.** 하늘에 있는 하얀 색 혹은 회색의 덩어리
2. 모양 ---- **c.** 어떤 것이 가지고 있는 형태
3. 따뜻하게 하다 ---- **b.** 어떤 것을 더 뜨겁게 혹은 덜 차갑게 만
                    들다
4. 덩어리 ---- **a.** 많은 양의 어떤 것

🅑 다음 빈칸에 알맞은 단어를 고르세요.

증기 / 오르다 / 형성되다 / 방울

1. 물의 일부가 증기로 변합니다.   [vapor]
2. 비는 아주 작은 물방울로 만들어집니다.   [drops]
3. 눈은 자연적으로 형성되는 아주 작은 얼음 조각에서 나옵니다.
                                     [form]
4. 수증기는 하늘로 올라갑니다.   [rises]

Grammar Focus

전치사 in, from, into

'~의 안에'의 의미를 나타낼 때는 in, '~으로부터'는 from, 그리고
'~의 상태로'의 의미를 나타낼 때는 into를 사용합니다.

알맞은 단어를 고르세요.

1. 구름은 공기 중에 있는 물입니다.   [in]
2. 눈은 매우 작은 얼음 조각으로부터 나옵니다.   [from]
3. 일부 수분이 수증기로 변합니다.   [into]

Summary

본문을 요약하기 위해 빈칸에 알맞은 단어를 골라 채우세요.

떨어지다 / 따뜻하게 하다 / 변하다 / 구름 / 위로

Rain and snow come from clouds. Snow has many different shapes and sizes. The sun warms the air and water. Water vapor made by the sun goes up into the sky. It turns back into drops of water or crystals of ice. Then it falls back down to the ground as rain and snow.

비와 눈은 <u>구름</u>으로부터 옵니다. 눈에는 여러 가지 모양과 크기가 있습니다. 태양은 공기와 물을 <u>가열합니다</u>. 태양에 의해 만들어진 수증기는 하늘로 <u>올라갑니다</u>. 수증기는 다시 물방울이나 얼음 결정체로 <u>변합니다</u>. 그 다음 그것은 도로 비와 눈으로 땅에 <u>떨어집니다</u>.

p.26

| 본문 해석 | **봄과 여름**

계절은 일 년 중 한 때입니다.

봄은 잎과 꽃이 나타나는 때입니다. 봄에는 지구가 태양 쪽으로 기울기 때문에 날씨가 따뜻해집니다. 그래서 많은 일조 시간이 있고, 많은 비도 내릴 수 있습니다. 햇빛과 비는 봄에 식물이 자라는 데 도움을 줍니다. 식물은 동물에게 먹이가 됩니다. 많은 동물들이 봄에 번식기를 갖습니다.

여름은 일 년 중 가장 더운 계절입니다. 하지에는 낮이 가장 길고 밤은 가장 짧습니다. 일부 지역에서 여름은 비가 가장 많이 내리는 가장 습한 계절이고, 다른 지역에서는 건조한 계절입니다. 여름에 많은 식물들이 많은 일조량의 도움으로 열매를 키웁니다. 그 결과, 동물들에게 는 섭취할 먹이가 많이 있습니다.

| 정답 |

Comprehension Checkup Ⓐ **1.** c **2.** b **3.** c **4.** b Ⓑ **1.** F **2.** T

Vocabulary Focus Ⓐ **1.** b **2.** a **3.** d **4.** c

Ⓑ **1.** tilted **2.** breeding **3.** appear **4.** season

Grammar Focus **1.** appear **2.** help **3.** come

Summary appear / warmer / breed / shortest / wettest

| 삽화 말풍선 문장 | p.26

① 봄은 잎과 꽃이 나타나는 때야.

② 여름에는 많은 식물들이 많은 일조량의 도움으로 열매를 키워.

| **Vocabulary** | p.27

• season 명 계절

• appear 동 나타나다

• tilt 동 기울다

• breed 동 번식하다

• solstice 명 지점

• wet 형 비가 오는, 굳은

• fruit 명 열매, 과일

| **Reading Focus** | p.27

• 왜 봄에는 따뜻해질까요?

• 햇빛이 가장 긴 날은 언제인가요?

| 본문 그림 자료 | p.28

• Spring 봄

• flowers in full bloom 활짝 핀 꽃

• breeding 번식

• Summer 여름

• much rain 많은 비

• fruits 과일

| 문제 정답 및 해석 | p.29

Comprehension Checkup

Ⓐ 가장 알맞은 답을 고르세요.

1. 본문은 주로 무엇에 관한 글입니까? [c]

a. 동물용 계절 식물

b. 날씨 변화의 원인

c. 봄과 여름의 특징

2. 계절에 관해 어느 것이 사실이 아닙니까?　　　[b]

　　a. 식물은 봄에 자라기 시작합니다.

　　b. 많은 동물들이 여름에 번식합니다

　　c. 식물은 여름에 열매를 맺습니다.

3. 하지란 무엇입니까?　　　[c]

　　a. 밤이 가장 긴 낮

　　b. 가장 뜨거운 기온인 날

　　c. 낮이 가장 긴 날

4. 본문에서 무엇을 추론할 수 있습니까?　　　[b]

　　a. 여름은 동물들에게 가장 힘든 계절입니다.

　　b. 하지가 지나면 낮이 짧아집니다.

　　c. 봄은 지구의 대부분의 지역에서 우기입니다.

B 맞는 문장은 T를, 맞지 않는 문장은 F를 고르세요.

1. 봄은 나뭇잎과 꽃이 사라지는 때입니다.　　　[F]

2. 태양을 향한 지구의 기울어짐이 더 따뜻한 날씨의 원인입니다.

　　　[T]

Vocabulary Focus

A 다음 단어를 알맞은 뜻과 연결하세요.

1. 기울다 ---- **b.** 어떤 것을 움직여 그것의 위치가 똑바르거나
　　　　　　　　바로 서지 않다

2. 번식하다 ---- **a.** 새끼를 낳다

3. 젖은 ---- **d.** 물이나 비로 덮인

4. 열매, 과일 ---- **c.** 씨를 포함하고 있는 식물의 부분

B 다음 빈칸에 알맞은 단어를 고르세요.

계절 / 번식 / 나타나다 / 기울어진

1. 봄에는 지구가 태양 쪽으로 기울어져 있습니다.　　[tilted]

2. 많은 동물들이 봄에 번식기가 있습니다.　　[breeding]

3. 봄은 잎과 꽃이 나타나는 때입니다.　　[appear]

4. 계절은 일 년 중 한 때입니다.　　[season]

Grammar Focus

주어와 동사의 수의 일치

A and B + 동사원형

접속사 and가 주어 자리에 쓰여 단어와 단어를 연결해 준 경우 복수 주어가 됩니다. 그러므로 현재 시제의 문장에서 일반동사가 쓰일 때는 동사원형을 씁니다.

알맞은 단어를 고르세요.

1. 봄은 잎과 꽃이 나타나는 시기입니다.　　[appear]

2. 햇빛과 비는 봄에 식물들이 자라는 데 도움을 줍니다.　[help]

3. 구름은 비와 눈이 나오는 곳입니다.　　[come]

Summary

본문을 요약하기 위해 빈칸에 알맞은 단어를 골라 채우세요.

번식하다 / 더 따뜻한 / 가장 습한 / 나타나다 / 가장 짧은

In spring, leaves and flowers appear, the weather gets warmer, it can rain a lot, and many animals breed. In summer, we experience the longest day and the shortest night during the summer solstice. Summer can be the wettest season in some places and a dry season in other places.

봄에는 잎과 꽃이 나타나고, 날씨가 더 따뜻해집니다. 비도 많이 올 수 있고, 많은 동물들이 번식합니다. 여름 중 하지에는, 가장 긴 낮과 가장 짧은 밤을 경험합니다. 여름은 어떤 지역에서는 가장 습한 계절일 수 있지만, 다른 지역에서는 건조한 계절일 수 있습니다.

p.32

| 본문 해석 | **가을과 겨울**

많은 지역에서 가을은 농작물을 수확하는 시기입니다. 가을은 봄과 비슷한 정도의 시간으로 지속되지만, 여름과 겨울보다는 훨씬 더 짧습니다. 가을(fall)은 또한 autumn(가을)이라고 불립니다.

가을에는 일조 시간이 줄어듭니다. 날씨가 더 추워지고 바람이 더 많이 붑니다. 나무는 대개 단풍이 들고 난 후 잎이 집니다. 가을에 대부분의 동물은 겨울에 대비해 저장할 수 있는 먹이를 찾습니다.

겨울은 일 년 중 가장 추운 계절입니다. 겨울에 일부 식물은 줄어든 햇빛과 차가운 기온 때문에 죽습니다. 마지막 잎사귀까지 나무에서 떨어집니다. 겨울에는 식물의 수가 더 적어서, 동물이 섭취할 먹이가 많이 없습니다.

| 정답 |

Comprehension Checkup **A** **1.** b **2.** c **3.** c **4.** b **B** **1.** T **2.** T

Vocabulary Focus **A** **1.** c **2.** d **3.** a **4.** b

B **1.** reduced **2.** store **3.** falls **4.** Fewer

Grammar Focus **1.** shorter **2.** windier **3.** coldest

Summary harvested / decrease / lose / store / fewer

| 삽화 말풍선 문장 | p.32

① 가을은 많은 지역에서 대부분의 농작물을 수확하는 시기야.

② 겨울에는 식물의 수가 더 적어.

| **Vocabulary** | p.33

• fall 몡 가을

• harvest 동 수확하다

• crop 몡 농작물, 작물

• length 몡 (시간의) 길이, 기간

• decrease 동 줄다, 감소하다

• store 동 저장하다

• winter 몡 겨울

• reduce 동 줄이다

• fewer 혱 (수가) 더 적은 (few의 비교급)

| **Reading Focus** | p.33

• 가을에 대부분의 동물이 무엇을 하나요?

• 동물들에게 겨울은 무엇을 의미하나요?

| 본문 그림 자료 | p.34

• Fall 가을

• fallen leaves 낙엽

• much snow 많은 눈

• rich harvest 풍작

• Winter 겨울

• bare trees 앙상한 나무

| 문제 정답 및 해석 | p.35

Comprehension Checkup

A 가장 알맞은 답을 고르세요.

1. 본문은 주로 무엇에 관한 글입니까? [b]

　a. 계절이 바뀌는 이유

　b. 가을과 겨울은 어떤가

　c. 가을과 겨울은 얼마나 지속되는가

2. 계절에 관해 어느 것이 사실이 아닙니까? [c]

　a. 가을에는 더 추워지고 바람이 더 붑니다.

　b. 어떤 식물들은 겨울에 추위로 죽습니다.

　c. 가을은 다른 계절보다 깁니다.

3. 가을에 대부분의 동물이 무엇을 합니까? [c]

   a. 그들은 겨울을 위해 번식합니다.

   b. 그들은 그들의 집에 머무릅니다.

   c. 그들은 겨울을 위해 음식을 저장합니다.

4. 본문에서 무엇을 추론할 수 있습니까? [b]

   a. 대부분의 나뭇잎들이 겨울에 떨어집니다.

   b. 여름보다 가을에 낮이 짧습니다

   c. 나뭇잎은 바람 때문에 노랗게 변합니다.

B 맞는 문장은 T를, 맞지 않는 문장은 F를 고르세요.

1. 대부분의 농작물은 가을에 수확됩니다. [T]

2. 겨울에는 동물들이 음식을 찾기 어렵습니다. [T]

Vocabulary Focus

A 다음 단어를 알맞은 뜻과 연결하세요.

1. 수확하다 ---- **c.** 작물을 모으다

2. 저장하다 ---- **d.** 미래에 사용하기 위해 한 장소에 무언가를 보관하다

3. 농작물 ---- **a.** 농부가 재배하는 밀, 벼 또는 과일 등의 식물

4. 줄다 ---- **b.** 크기, 양, 또는 수가 작아지다

B 다음 빈칸에 알맞은 단어를 고르세요.

줄어든 / 떨어지다 / 저장하다 / (수가) 더 적은

1. 일부 식물은 줄어든 햇빛 때문에 죽습니다. [reduced]

2. 가을에는 대부분의 동물이 겨울을 대비해 먹이를 저장합니다. [store]

3. 겨울에는 마지막 잎사귀가 나무에서 떨어집니다. [falls]

4. 겨울에는 식물의 수가 더 적습니다. [Fewer]

Grammar Focus

비교급과 최상급

두 개를 서로 비교하여 '…보다 더 ~하다'의 의미를 전할 때는 비교급을 사용합니다. 그리고 '가장 ~하다'라고 말할 때는 최상급을 사용합니다.

비교급의 형태	〈형용사/부사 + -er〉 : short – shorter / cold – colder 〈-y로 끝나는 형용사/부사는 y를 i로 고치고 + -er〉: windy – windier
최상급의 형태	〈the + 형용사/부사 + -est〉 : cold – the coldest

알맞은 단어를 고르세요.

1. 가을은 길이가 여름과 겨울보다 훨씬 더 짧습니다. [shorter]

2. 가을에는 날씨가 더 추워지고 바람이 더 붑니다. [windier]

3. 겨울은 일 년 중 가장 추운 계절입니다. [coldest]

Summary

본문을 요약하기 위해 빈칸에 알맞은 단어를 골라 채우세요.

잃다 / 줄다 / 저장하다 / (수가) 더 적은 / 수확된

In fall, many crops are harvested, and the hours of sunlight decrease. The weather gets colder and windier. Trees lose their leaves, and animals store food for winter. In winter, reduced sunlight and cold temperatures cause some plants to die, so fewer plants are found.

가을에는 많은 농작물이 수확되고, 햇빛이 비치는 시간이 줄어듭니다. 날씨는 점점 더 추워지고, 바람도 더 많이 붑니다. 나무는 잎이 지고, 동물은 겨울에 대비해 먹이를 저장합니다. 겨울에는, 줄어든 햇빛과 차가운 기온 때문에 일부 식물이 죽어서 식물의 수가 더 적습니다.

p.38

| 본문 해석 | 하늘 위

하늘은 기체 분자로 이루어져 있습니다. 분자는 보통 두 개 이상의 원자로 구성됩니다. 분자에 의한 빛의 산란 때문에 하늘은 파랗게 보입니다.

태양은 낮 동안에 하늘과 지구를 비춥니다. 태양 에너지는 공기, 땅, 그리고 물을 따뜻하게 합니다.

밤이 되면 하늘에 별과 달이 있습니다. 별은 스스로 빛을 냅니다. 별은 지구로부터 멀리 떨어져 있기 때문에 원래 크기보다 훨씬 더 작게 보입니다. 달은 하늘에서 뜨고 집니다. 달은 지구 크기의 4분의 1 정도입니다. 달은 스스로 빛을 내지 못합니다. 달은 지구 주위를 돌 때 태양에 의해 밝게 비추어집니다.

| 정답 |

Comprehension Checkup Ⓐ **1.** a **2.** c **3.** b **4.** c Ⓑ **1.** F **2.** T

Vocabulary Focus Ⓐ **1.** b **2.** c **3.** d **4.** a

Ⓑ **1.** molecules **2.** lights **3.** sets **4.** consists

Grammar Focus **1.** because of **2.** because **3.** because of

Summary molecules / light / warms / own / goes

| 삽화 말풍선 문장 | p.38

① 태양은 낮 동안에 하늘과 지구를 비춰 줘.

② 달은 태양에 의해 밝게 비추어져.

| Vocabulary | p.39

· molecule 명 분자

· consist of ~으로 구성되다

· atom 명 원자

· scatter 동 흩어지다

· light 동 비추다, 밝게 하다 명 빛

· far 부 멀리, 아득히

· set 동 (해, 달 등이) 지다

· quarter 명 4분의 1

| Reading Focus | p.39

· 하늘이 왜 파랗게 보이나요?

· 달은 얼마나 큰가요?

| 본문 그림 자료 | p.40

· Size of the sun and the moon 태양과 달의 크기

· the sun 태양

· the moon 달

· about 1/4 the size of the earth

지구 크기의 약 1/4배

· about 109 times the size of the earth

지구 크기의 약 109배

| 문제 정답 및 해석 | p.41

Comprehension Checkup

Ⓐ **가장 알맞은 답을 고르세요.**

1. 본문은 주로 무엇에 관한 글입니까?　　　　[a]

a. 하늘과 우리가 그 안에서 보는 것

b. 태양과 그것이 우리에게 어떤 영향을 미치는지

c. 달과 그것이 어떻게 빛나는지

2. 무엇이 하늘이 파랗게 보이도록 합니까?   [c]

    a. 파란 원자

    b. 기체 분자

    c. 빛의 산란

3. 태양에 관해 어느 것이 사실이 아닙니까?   [b]

    a. 그것은 지구를 따뜻하게 합니다.

    b. 그것은 항상 별들에 의해 빛납니다.

    c. 그것은 지구보다 큽니다.

4. 달에 관해 무엇을 추론할 수 있습니까?   [c]

    a. 그것은 태양 쪽으로 천천히 움직입니다.

    b. 그것은 주기적으로 태양 주위를 돕니다.

    c. 그것은 하늘에 별들 중 하나가 아닙니다.

B 맞는 문장은 T를, 맞지 않는 문장은 F를 고르세요.

1. 원자는 두 개 이상의 분자로 구성됩니다.   [F]

2. 지구는 달의 네 배 크기입니다.   [T]

Vocabulary Focus

A 다음 단어를 알맞은 뜻과 연결하세요.

1. 흩어지다 ---- **b.** 여러 가지 방향으로 움직이다

2. 비추다, 밝게 하다 ---- **c.** 어떤 장소에 빛을 제공하다

3. 지다 ---- **d.** 하늘에서 더 낮은 쪽으로 움직여 사라지다

4. 멀리 ---- **a.** 가깝지 않게

B 다음 빈칸에 알맞은 단어를 고르세요.

지다 / 비추다 / 구성되다 / 분자

1. 하늘은 기체 분자로 구성됩니다.   [molecules]

2. 태양은 낮 동안에 하늘과 지구를 비춥니다.   [lights]

3. 달은 하늘에서 뜨고 집니다.   [sets]

4. 분자는 보통 두 개 이상의 원자로 구성됩니다.   [consists]

Grammar Focus

because와 because of

because + 주어 + 동사

because of + 명사

because는 '접속사'이고 because of는 '전치사'입니다. because 다음에는 주어, 동사가 있는 '절(문장)'이 나오고 because of 다음에는 '명사'가 나옵니다. 둘 다 '~ 때문에'라는 이유를 나타냅니다.

알맞은 단어를 고르세요.

1. 분자에 의한 빛의 산란 때문에 하늘이 파랗게 보입니다.

[because of]

2. 별들은 지구로부터 멀리 떨어져 있기 때문에 훨씬 더 작게 보입니다.   [because]

3. 겨울에는 줄어든 햇빛 때문에 일부 식물이 죽습니다.

[because of]

Summary

본문을 요약하기 위해 빈칸에 알맞은 단어를 골라 채우세요.

따뜻하게 하다 / 가다 / 분자 / 빛 / 자신의

The sky consists of gas molecules. At night we can see stars and the moon in the sky. Stars make light by themselves. The energy from the sun warms the air, land, and water. The moon does not make its own light but is lit up by the sun as it goes around Earth.

하늘은 기체 분자로 구성돼 있습니다. 밤에 우리는 하늘에서 별과 달을 볼 수 있습니다. 별은 스스로 빛을 냅니다. 태양으로부터 오는 에너지가 공기, 땅, 그리고 물을 따뜻하게 해 줍니다. 달은 스스로 빛을 내지 않지만, 달이 지구 주위를 돌 때 태양에 의해 밝게 비춰집니다.

p.44

| 본문 해석 | 행성

밤하늘에서 다른 별들보다 더 크고 더 밝아 보이는 빛은 아마 행성일 것입니다. 행성은 태양 주위를 도는 큰 물체로, 빛을 내지 않습니다. 태양계에는 여덟 개의 행성이 있습니다. 명왕성은 행성으로 알려져 있었지만, 2006년 8월 국제 천문 연맹이 명왕성을 그 대신에 왜소행성으로 정했습니다.

행성들은 그리스와 로마 신들 또는 여신들의 이름을 갖고 있습니다. 그것들은 수성, 금성, 테라, 화성, 목성, 토성, 천왕성, 그리고 해왕성입니다. 지구는 때때로 로마 여신인 '테라'라고 불립니다. 수성은 태양과 가장 가깝고, 해왕성이 태양에서 가장 멀리 있습니다.

행성은 공 모양입니다. 일부 행성은 지구보다 더 작습니다. 다른 행성은 지구보다 더 큽니다.

| 정답 |

Comprehension Checkup 　A 1.b　2.a　3.b　4.b　B 1.T　2.T

Vocabulary Focus 　A 1.b　2.a　3.d　4.c

　　　　　　　　　　　B 1.orbits　2.solar　3.farthest　4.Others

Grammar Focus 　1.A planet does not[doesn't] make light.　2.My mom does not[doesn't] cook well.　3.The cup does not[doesn't] hold water.

Summary 　orbits / make / planets / closest / farthest

| 삽화 말풍선 문장 | p.44

① 행성은 태양 주위를 돌아.

② 태양계에는 여덟 개의 행성이 있어.

| **Vocabulary** | p.45

• planet 명 행성
• object 명 물체
• orbit 동 궤도를 그리며 돌다
• dwarf 형 아주 작은, 소형의
• close 형 가까운
• farthest 부 가장 멀리 (far의 최상급)
• ball-shaped 형 공 모양의

| **Reading Focus** | p.45

• '테라'는 무엇인가요?
• 행성은 무엇인가요?

| 문제 정답 및 해석 | p.47

Comprehension Checkup

A 가장 알맞은 답을 고르세요.

1. 본문은 주로 무엇에 관한 글입니까?　　　　[b]
　　a. 행성들과 그들의 궤도
　　b. 태양계의 행성들
　　c. 행성과 별의 탄생

2. 행성에 관해 어느 것이 사실이 아닙니까?　　[a]
　　a. 그것은 스스로 빛을 만듭니다.
　　b. 그것은 태양 주위를 돕니다.
　　c. 그것은 공처럼 보입니다.

3. 어느 행성이 태양과 가장 가깝습니까?　　　[b]
　　a. 화성
　　b. 수성
　　c. 토성

4. 본문에서 무엇을 추론할 수 있습니까? [b]

   a. 행성은 보통 별보다 더 큽니다.

   b. 행성은 태양빛을 반사하여 빛납니다.

   c. 태양계의 모든 행성은 달을 가지고 있습니다.

B 맞는 문장은 T를, 맞지 않는 문장은 F를 고르세요.

1. 우리 태양계의 행성들은 신들 또는 여신들의 이름을 따서 지어 졌습니다. [T]

2. 테라는 행성 지구의 다른 이름입니다. [T]

Vocabulary Focus

A 다음 단어를 알맞은 뜻과 연결하세요.

1. 아주 작은, 소형의 ---- **b.** 다른 것들보다 훨씬 더 작은

2. 가장 멀리 ---- **a.** 가장 먼 거리에

3. 물체 ---- **d.** 볼 수 있지만 살아 있지는 않은 것

4. 가까운 ---- **c.** 누군가 혹은 무언가로부터 멀지 않은

B 다음 빈칸에 알맞은 단어를 고르세요.

다른 것들 / 궤도를 돌다 / 가장 멀리 / 태양의

1. 행성은 태양의 궤도를 도는 큰 물체입니다. [orbits]

2. 태양계에는 여덟 개의 행성이 있습니다. [solar]

3. 해왕성이 태양에서 가장 멀리 있습니다. [farthest]

4. 어떤 행성은 지구보다 더 작습니다. 다른 것들은 지구보다 더 큽니다. [Others]

Grammar Focus

일반동사 현재 시제의 부정문

3인칭 단수 주어 + does not + 동사원형

일반동사가 쓰인 현재 시제의 문장에서 3인칭 단수 주어가 있는 부정문은 동사 앞에 does not을 씁니다. 즉 〈does not + 동사원형〉의 형태로 씁니다.

다음 문장을 부정문으로 바꿔 쓰세요.

1. [A planet does not[doesn't] make light.]
행성은 빛을 내지 않습니다.

2. [My mom does not[doesn't] cook well.]
저희 어머니는 요리를 잘 하지 않습니다.

3. [The cup does not[doesn't] hold water.]
그 컵에 물이 들어 있지 않습니다.

Summary

본문을 요약하기 위해 빈칸에 알맞은 단어를 골라 채우세요.

행성 / 만들다 / 가장 가까운 / 가장 멀리
/ 궤도를 돌다

A planet orbits the sun and does not make light. There are eight planets in the solar system: Mercury, Venus, Earth, Mars, Jupiter, Saturn, Uranus, and Neptune. Mercury is the closest to the sun and Neptune is the farthest from the sun. The planets are ball-shaped.

행성은 태양의 궤도를 돌며, 빛을 만들지는 못합니다. 태양계에는 여덟 개의 행성이 있습니다: 수성, 금성, 지구, 화성, 목성, 토성, 천왕성, 그리고 해왕성. 수성은 태양과 가장 가까우며, 해왕성은 태양으로부터 가장 멀리 떨어져 있습니다. 행성은 공 모양입니다.

p.44

| 정답 |

Review Vocabulary Test

A **1.** mass / 덩어리 **2.** cloudy / 구름이 낀 **3.** scatter / 흩어지다

4. tilt / 기울이다

B **1.** molecules **2.** drops **3.** store **4.** orbits

C **1.** c l o s e

2. c l o u d

3. d w a r f

4. i n s t r u m e n t

5. s e t

6. b r e e d

7. h a r v e s t

→ scatter

Review Grammar Test

A **1.** into **2.** be **3.** shorter **4.** come

B **1.** Weather includes clouds, wind, rain, and snow.

2. Sunlight and rain help plants grow in spring.

3. In winter, some plants die because of reduced sunlight.

Review Vocabulary Test

A 알맞은 단어와 우리말 뜻을 쓰세요.

1. 많은 양의 어떤 것   [mass / 덩어리]
2. 구름이 많은   [cloudy / 구름이 낀]
3. 여러 가지 방향으로 움직이다   [scatter / 흩어지다]
4. 어떤 것을 움직여 그것의 위치가 똑바르거나 바로 서지 않다

       [tilt / 기울이다]

B 다음 빈칸에 알맞은 단어를 고르세요.

방울 / 궤도를 돌다 / 저장하다 / 분자

1. 하늘은 기체 분자로 구성됩니다.   [molecules]
2. 비는 아주 작은 물방울로 구성됩니다.   [drops]
3. 가을에는 대부분의 동물이 겨울을 대비해 먹이를 저장합니다.

       [store]
4. 행성은 태양의 궤도를 도는 큰 물체입니다.   [orbits]

C 퍼즐을 완성하세요.

1. 누군가 혹은 무언가로부터 멀지 않은   [close]
2. 하늘에 있는 하얀 색 혹은 회색의 덩어리   [cloud]
3. 다른 것들보다 훨씬 더 작은   [dwarf]
4. 어떤 일을 하기 위해 사용하는 것   [instrument]
5. 하늘에서 더 낮은 쪽으로 움직여 사라지다   [set]
6. 새끼를 낳다   [breed]
7. 작물을 모으다   [harvest]

색 상자 안의 단어는 무엇인가요?   [scatter(흩어지다)]

Review Grammar Test

A 알맞은 단어를 고르세요.

1. 일부 수분이 수증기로 변합니다.   [into]
2. 하늘은 햇빛이 비치거나 구름이 낄 수 있습니다.   [be]
3. 가을은 길이가 여름과 겨울보다 훨씬 더 짧습니다. [shorter]
4. 구름은 비와 눈이 나오는 곳입니다.   [come]

B 밑줄 친 단어를 바르게 고친 다음 문장을 다시 쓰세요.

1. [Weather includes clouds, wind, rain, and snow.]
날씨는 구름, 바람, 비, 그리고 눈을 포함합니다.
2. [Sunlight and rain help plants grow in spring.]
햇빛과 비는 봄에 식물들이 자라는 것을 도와줍니다.
3. [In winter, some plants die because of reduced sunlight.]
겨울에는 줄어든 햇빛 때문에 일부 식물이 죽습니다.

p.54

| 본문 해석 | 지도자와 정부

우리는 대부분의 정부 지도자를 뽑기 위해 투표합니다. 투표한다는 것은 어떤 사람이나 단체에 대한 찬성이나 반대를 택하는 것입니다. 우리가 투표하는 때를 선거라고 합니다. 선거에서 가장 많은 투표를 받은 사람이 승리합니다. 일부 정부 지도자들은 선출되지 않고 임명됩니다. 임명한다는 것은 직위 또는 일에 맞는 사람을 선정하는 것을 의미합니다. 보통 이 사람들은 선출된 지도자들에 의해 임명됩니다.

정부는 다양한 직종의 많은 사람들로 구성됩니다. 시의회라고 하는 사람들의 집단은 시를 위한 법률을 제정합니다. 시장은 사람들이 반드시 시의 법을 준수하도록 합니다. 판사는 법에 관한 판결을 내립니다. 판사는 법이 공평하게 적용되도록 합니다. 판사는 법원에서 일합니다.

| 정답 |

Comprehension Checkup A 1. b 2. b 3. c 4. b B 1. F 2. T

Vocabulary Focus A 1. d 2. c 3. b 4. a

　　　　　　　　　　 B 1. vote 2. position 3. appointed 4. council

Grammar Focus 　 1. appointed 2. made 3. elected

Summary 　　　 election / appointed / mayor / decisions / fair

| 삽화 말풍선 문장 | p.54

① 우리는 정부 지도자를 뽑기 위해 투표해.

② 판사는 법이 모두에게 공평하게 적용되도록 해.

| **Vocabulary** | p.55

• vote 통 투표하다 명 투표

• election 명 선거

• government 명 정부

• appoint 통 임명하다

• council 명 의회

• law 명 법

• judge 명 판사

• court 명 법원, 법정

| **Reading Focus** | p.55

• 선거는 무엇인가요?

• 누가 시를 위한 법을 만드나요?

| 본문 그림 자료 | p.56

• Government buildings in Washington, D.C.

워싱턴 D.C.의 정부 건물

• the White House 백악관

• the Capitol 국회 의사당

• the Supreme Court 대법원

| 문제 정답 및 해석 | p.57

Comprehension Checkup

A 가장 알맞은 답을 고르세요.

1. 본문은 주로 무엇에 관한 글입니까?　　　　[b]

　　a. 선거 제도

　　b. 지도자와 그들의 일

　　c. 정부 건물들

2. 선거에서 사람들은 무엇을 합니까?　　　　[b]

　　a. 그들은 약간의 표를 얻습니다.

　　b. 그들은 지도자에게 투표합니다.

　　c. 그들은 모두를 위한 법을 만듭니다.

3. 누가 시를 위한 법률을 만듭니까? [c]

   a. 대통령

   b. 시장

   c. 시 의회

4. 시장은 무엇을 합니까? [b]

   a. 혼자서 시를 위한 법을 만듭니다.

   b. 사람들이 법을 잘 지키는지 확인합니다.

   c. 다음 선거에 대비합니다.

B 맞는 문장은 T를, 맞지 않는 문장은 F를 고르세요.

1. 모든 정부 지도자는 국민에 의해 선출됩니다. [F]

2. 많은 사람들이 다양한 역할로 정부에서 일합니다. [T]

Vocabulary Focus

A 다음 단어를 알맞은 뜻과 연결하세요.

1. 투표하다 - - - - **d.** 어떤 사람 또는 계획을 선택하는지 나타내다

2. 선거 - - - - **c.** 공직에 알맞은 누군가를 선택하기 위해 사람들이 투표하는 때

3. 법 - - - - **b.** 사람들이 따라야 하는 규칙

4. 판사 - - - - **a.** 법정을 책임지는 관리

B 다음 빈칸에 알맞은 단어를 고르세요.

직위 / 투표하다 / 의회 / 임명되는

1. 투표한다는 것은 어떤 사람이나 단체에 대한 찬성이나 반대를 택하는 것입니다. [vote]

2. 임명하는 것은 어떠한 직위나 일에 맞는 사람을 선정하는 것을 뜻합니다. [position]

3. 몇몇 정부 지도자들은 임명됩니다. [appointed]

4. 시의회라고 하는 사람들의 집단은 시를 위한 법률을 제정합니다. [council]

Grammar Focus

수동태: be동사 + 과거분사(+ by + 행위자)

주어가 외부의 힘에 의해 어떤 상태에 놓이게 되었을 때는 수동태를 사용합니다. 수동태는 〈be동사 + 과거분사〉의 형태로 씁니다. 그리고 행위자가 일반적인 사람이거나 확실하지 않은 경우에는 수동태 동사 뒤에 있는 〈by + 행위자〉가 생략되는 경우가 많습니다. 참고로, 〈be동사 + [동사원형 -ing]〉는 '~하고 있다'는 의미의 진행 시제를 나타냅니다.

알맞은 단어를 고르세요.

1. 보통 정부 지도자들은 투표로 선출된 지도자들에 의해 임명됩니다. [appointed]

2. 정부는 다양한 직종의 많은 사람들로 구성됩니다. [made]

3. 일부 정부 지도자들은 투표로 선출되지 않습니다. [elected]

Summary

본문을 요약하기 위해 빈칸에 알맞은 단어를 골라 채우세요.

시장 / 임명된 / 선거 / 공정한 / 판결, 결정

We vote for our government leaders in an election. Some leaders are appointed by elected leaders. A city council makes laws for the city, and a mayor checks that people follow the laws. Judges make decisions about laws and make sure that laws are fair.

우리는 선거에서 정부 지도자를 뽑기 위해 투표합니다. 몇몇 지도자들은 선출된 지도자들에 의해 임명됩니다. 시의회는 시를 위한 법률을 제정하고, 시장은 사람들이 법을 준수하는지 확인합니다. 판사는 법에 관한 판결을 내리고, 법이 공정하게 적용되도록 확실히 합니다.

Social Studies UNIT 08 The Capital and the White House

p.60

| 본문 해석 | **수도와 백악관**

워싱턴 D.C.는 미국의 수도입니다. 워싱턴은 미국의 초대 대통령 조지 워싱턴의 이름을 따서 지어졌습니다. 'D.C.'는 '컬럼비아 특별구'를 뜻하는데, 주가 아닌 특별한 구역입니다.

워싱턴 D.C.에는 많은 박물관과 기념물이 있습니다. 기념물은 한 인물이나 사건에 대한 특별한 존경을 나타내는 건물이나 조각상입니다. 워싱턴 D.C.에 있는 미국 국회 의사당은 건물의 이름입니다. 그것은 의회의 의원들이 만나는 곳입니다. 의회는 정부의 일부분으로 국가를 위한 법률을 제정합니다.

백악관은 대통령이 살고 일하는 곳입니다. 많은 사람들이 매년 백악관을 찾습니다. 대통령 집무실은 대통령의 공식 집무실입니다. 백악관 만찬장에는 140명까지 수용할 수 있습니다.

| 정답 |

Comprehension Checkup A 1. a 2. a 3. b 4. c B 1. T 2. T

Vocabulary Focus A 1. c 2. a 3. b 4. d

　　　　　　　　　　 B 1. capital 2. monuments 3. official 4. government

Grammar Focus 1. visit 2. are 3. are

Summary capital / monuments / respect / Congress / president

| 삽화 말풍선 문장 | p.60

① 미국의 수도는 워싱턴 D.C.야.

② 백악관은 대통령이 살고 일하는 곳이야.

| **Vocabulary** | p.61

· capital 명 수도

· stand for ~을 나타내다

· museum 명 박물관

· monument 명 기념물, 기념비

· statue 명 조각상

· respect 명 존경

· oval 형 타원형의

· official 형 공식의

· dining room 식당

| **Reading Focus** | p.61

· 워싱턴 D.C.에 있는 국회 의사당은 무엇인가요?

· 타원형 사무실(백악관 집무실)은 무엇인가요?

| 문제 정답 및 해석 | p.63

Comprehension Checkup

A 가장 알맞은 답을 고르세요.

1. 본문은 주로 무엇에 관한 글입니까?　　　　[a]

　　a. 미국의 수도와 그 주요 지형지물

　　b. 미국 국회의사당과 그 중요성

　　c. 백악관과 대통령

2. 특별한 존경을 표하는 건물은 무엇입니까?　　[a]

　　a. 기념물

　　b. 미국 국회 의사당

　　c. (백악관의) 대통령 집무실

3. 미국 대통령은 어디에서 일합니까?　　　　　[b]

　　a. 박물관에서

　　b. (백악관의) 대통령 집무실에서

　　c. 백악관 만찬장에서

4. 본문에서 무엇을 추론할 수 있습니까?　　　　　[c]

   a. 백악관은 미국 국회 의사당 안에 있습니다.

   b. 수도는 미국에서 가장 바쁜 도시입니다.

   c. 방문객으로서 백악관을 둘러볼 수 있습니다.

B 맞는 문장은 T를, 맞지 않는 문장은 F를 고르세요.

1. 미국 수도는 초대 대통령을 따라 이름이 지어졌습니다.　[T]

2. 미국 의회에서 일하는 사람들은 국회 의사당에서 만납니다.

                                            [T]

Vocabulary Focus

A 다음 단어를 알맞은 뜻과 연결하세요.

1. 조각상 ---- **c.** 금속이나 돌로 만들어진 모형

2. 존경 ---- **a.** 누군가에 대한 좋은 의견

3. 타원형의 ---- **b.** 계란 모양의

4. 식당 ---- **d.** 식사를 하는 방

B 다음 빈칸에 알맞은 단어를 고르세요.

공식의 / 수도 / 정부 / 기념물

1. 워싱턴 D.C는 미국의 수도입니다.　　　　[capital]

2. 워싱턴 D.C.에는 많은 박물관과 기념물이 있습니다.

                                      [monuments]

3. 대통령 집무실은 대통령의 공식 집무실입니다.　[official]

4. 의회는 정부의 일부분으로 국가를 위한 법률을 제정합니다.

                                      [government]

Grammar Focus

주어와 동사의 수의 일치

복수 주어 + 복수 동사

현재 시제의 문장에서 복수 명사가 주어로 오면 복수 동사를 써야 합니다. people은 '사람들'이라는 의미로 두 명 이상의 사람을 가리키므로 복수 명사입니다. 항상 복수로 사용되는 명사에는 people 외에도 짝을 이루는 명사, 예를 들면 glasses(안경), pants(바지) 등이 있으며 현재 시제일 때는 복수 동사가 필요합니다.

알맞은 단어를 고르세요.

1. 많은 사람들이 매년 백악관을 방문합니다.　　[visit]

2. 거기 몇 명의 사람들이 있나요?　　　　　　[are]

3. 이 안경이 얼마예요?　　　　　　　　　　[are]

Summary

본문을 요약하기 위해 빈칸에 알맞은 단어를 골라 채우세요.

기념물 / 존경 / 대통령 / 의회 / 수도

Washington, D.C. is the capital of the United States. Washington, D.C. has many monuments—buildings or statues that show special respect for people or events. Members of Congress meet in the Capitol in Washington, D.C. The White House is where the president lives and works.

워싱턴 D.C.는 미국의 수도입니다. 워싱턴 D.C.에는 많은 기념물 –사람이나 사건에 대해 특별한 존경을 표하는 건물 혹은 동상–이 있습니다. 의회의 의원들은 워싱턴 D.C.에 있는 미국 국회 의사당 에서 만납니다. 백악관은 대통령이 살고 일하는 곳입니다.

p.66

| 본문 해석 | 세금

1760년대에, 미국 내 13개의 영국 식민지가 번성하고 있었습니다. 식민지 주민은 영국인이라는 것과 조지 3세 국왕의 통치를 받는 것을 자랑스러워했습니다.

하지만 상황이 바뀌기 시작했습니다. 조지 3세 국왕은 식민지 주민이 좋아하지 않고 받아들이지 못하는 법을 만들었습니다. 왕이 그들에게 설탕, 우표, 그리고 종이 같은 것에 세금을 내라고 명령했습니다. 식민지 주민은 종이를 살 때, 종이 가격만 지불했습니다. 하지만 국왕은 추가 비용도 지불해야 한다고 말했습니다. 이 추가 비용이 세금이었습니다.

미국 식민지 주민이 내는 세금은 곧바로 영국 정부로 들어갔습니다. 이 당시, 영국은 막대한 비용이 들어간 대 프랑스 전쟁을 막 끝낸 직후였기 때문에 조지 3세 국왕은 많은 돈이 필요했습니다.

| 정답 |

Comprehension Checkup Ⓐ **1.** a **2.** a **3.** c **4.** c Ⓑ **1.** F **2.** T

Vocabulary Focus Ⓐ **1.** d **2.** a **3.** b **4.** c

Ⓑ **1.** ruled **2.** ordered **3.** colonies **4.** expensive

Grammar Focus **1.** did **2.** paid **3.** had

Summary ruled / ordered / taxes / extra / money

| 삽화 말풍선 문장 | p.66

① 1760년대에, 미국 내 13개의 영국 식민지가 있었어.

② 영국 왕이 식민지 주민들에게 추가 비용을 지불하라고 명령했어.

| Vocabulary | p.67

· colony 몡 식민지

· grow 동 발전하다, 성장하다

· proud 혱 자랑으로 여기는

· rule 동 통치하다, 다스리다

· accept 동 받아들이다

· order 동 명령하다

· tax 몡 세금

· stamp 몡 우표

· expensive 혱 값비싼, 돈이 많이 드는

| Reading Focus | p.67

· 세금은 무엇입니까?

· 왕이 식민지 주민에게 왜 추가적인 돈을 내라고 명했나요?

| 문제 정답 및 해석 | p.69

Comprehension Checkup

Ⓐ **가장 알맞은 답을 고르세요.**

1. 본문은 주로 무엇에 관한 글입니까? [a]

　a. 조지 3세 국왕과 세금

　b. 식민지 주민들의 자부심

　c. 영국과 프랑스 간의 전쟁

2. 식민지 주민은 1760년대에 조지 3세 국왕의 통치를 받는 것에 대해 어떻게 느꼈습니까? [a]

　a. 그것을 자랑스러워했습니다.

　b. 그것에 대해 화가 났습니다.

　c. 그것에 대해 슬펐습니다.

3. 식민지 주민들에 관해 어느 것이 사실입니까? [c]

　a. 그들은 새로운 법을 기꺼이 받아들였습니다.

　b. 그들은 전쟁에 참여하기를 원했습니다.

c. 그들은 몇 가지에 대해 세금을 내야 했습니다.

4. 본문에서 무엇을 추론할 수 있습니까?　　　　　[c]

   a. 영국은 또 다른 전쟁을 계획하고 있었습니다.

   b. 조지 3세는 식민지 주민들을 좋아하지 않았습니다.

   c. 식민지 주민들은 세금을 내기를 원하지 않았습니다.

B 맞는 문장은 T를, 맞지 않는 문장은 F를 고르세요.

1. 1760년대에, 미국 내 영국 식민지는 점점 더 작아졌습니다. [F]

2. 영국은 프랑스와의 전쟁 후에 돈이 필요했습니다.　　[T]

Vocabulary Focus

A 다음 단어를 알맞은 뜻과 연결하세요.

1. 명령하다 ---- **d.** 누군가에게 어떤 것을 반드시 해야 한다고
　　　　　　　　　　말하다

2. 우표 ---- **a.** 봉투나 소포 위에 붙이는 작은 종이조각

3. 발전하다, 성장하다 ---- **b.** 발달하고 더 커지다

4. 받아들이다 ---- **c.** 제안에 동의하다

B 다음 빈칸에 알맞은 단어를 고르세요.

　　돈이 많이 드는 / 지배를 받는 / 명령했다 / 식민지들

1. 식민지 주민들은 조지 3세 국왕의 지배를 받는 것에 대해 자랑
　　스러워했습니다.　　　　　　　　　　[ruled]

2. 왕은 식민지 주민에게 물건에 대해 세금을 내라고 명했습니다.
　　　　　　　　　　　　　　　　[ordered]

3. 미국 내 영국 식민지가 번성하고 있었습니다.　　[colonies]

4. 영국은 프랑스에 맞서 매우 돈이 많이 드는 전쟁을 했습니다.
　　　　　　　　　　　　　　　　[expensive]

Grammar Focus

시제의 일치

and로 두 개의 절이 연결되어 있는 경우 두 개의 절은 같은 시제
로 씁니다. when절이 쓰이거나 that절이 쓰인 문장에서도 동시에

일어난 사건인 경우 한쪽이 과거 시제이면 나머지 동사도 과거 시
제로, 현재 시제이면 나머지 동사도 현재 시제로 써야 합니다.

알맞은 단어를 고르세요.

1. 조지 3세 국왕은 식민지 주민이 좋아하지 않고 받아들이지 못
　　하는 법을 만들었습니다.　　　　　　　　[did]

2. 식민지 주민들은 종이를 살 때, 종잇값을 지불했습니다.
　　　　　　　　　　　　　　　　[paid]

3. 왕은 추가 비용을 지불해야 한다고 말했습니다.　[had]

Summary

본문을 요약하기 위해 빈칸에 알맞은 단어를 골라 채우세요.

　　세금 / 명령했다 / 돈 / 통치를 받는 / 추가의

In the 1760s, the English colonists in America were
happy to be ruled by King George III. However, when
the king ordered them to pay taxes, things started to
change. They could not accept the king's order. They
had to pay extra money for sugar, stamps, and paper.
The king needed the money after a war against
France.

1760년대에, 미국에 있는 영국의 식민지 주민들은 조지 3세 국왕
의 통치를 받게 되어 매우 기뻤습니다. 하지만, 왕이 그들에게 세금
을 내라고 명령했을 때 상황이 변하기 시작했습니다. 그들은 왕의
명령을 받아들일 수 없었습니다. 그들은 설탕, 우표, 그리고 종이에
대해 돈을 추가로 내야 했습니다. 왕은 대 프랑스 전쟁 이후에 그
돈이 필요했습니다.

A Nation Is Born

p.72

| 본문 해석 | **국가의 탄생**

1776년 미국의 영국 식민지 주민은 큰 조치를 취했습니다. 그들은 조지 국왕에게 미국인들은 자유를 원하고 자신들의 나라, 미합중국이라는 나라를 세우겠다고 말했습니다.

1776년 7월 4일 많은 미국 지도자들이 독립 선언서에 서명했습니다. 그래서 미국인들은 지금도 매년 7월 4일을 독립기념일, 즉 미국의 탄생일로 기념합니다. 미국 독립 선언서에는 모든 사람은 평등하게 태어났고, 창조주가 그들에게 특정한 권리를 주었으며, 아무도 그 권리를 빼앗아갈 수 없다고 쓰여 있었습니다.

사람들은 자유롭고 스스로 통치할 방법을 결정할 권리가 있다고 지도자들은 말했습니다. 그들은 "조지 국왕, 우리는 더 이상 당신의 말을 따르지 않겠소."라고 말했습니다.

| 정답 |

Comprehension Checkup Ⓐ **1.** b **2.** c **3.** b **4.** a Ⓑ **1.** F **2.** T

Vocabulary Focus Ⓐ **1.** d **2.** b **3.** a **4.** c

Ⓑ **1.** step **2.** celebrate **3.** equal **4.** rule

Grammar Focus **1.** listen **2.** do **3.** study

Summary start / signed / rights / told / listen

| 삽화 말풍선 문장 | p.72

① 미국의 영국 식민지 주민들은 영국으로부터 자유로워지기를 원했어.

② 미국의 지도자들은 독립 선언서에 서명했어.

| **Vocabulary** | p.73

- step 명 조치, 움직임
- free 형 자유로운
- declaration 명 선언서, 선언
- independence 명 독립
- celebrate 동 기념하다, 축하하다
- create 동 만들다, 창조하다
- right 명 권리
- listen 동 듣다

| **Reading Focus** | p.73

- 1776년 7월 4일에 무슨 일이 일어났나요?
- 미국 독립 선언서는 무엇인가요?

| 본문 그림 자료 | p.74

- American leaders signing the Declaration of Independence

  독립 선언서에 서명하고 있는 미국 지도자들

| 문제 정답 및 해석 | p.75

Comprehension Checkup

Ⓐ **가장 알맞은 답을 고르세요.**

1. 본문은 주로 무엇에 관한 글입니까? [b]

  a. 미국 지도자들의 권리

  b. 미국의 탄생

  c. 조지 국왕의 미국 통치

2. 1776년 7월 4일에 무슨 일이 일어났습니까? [c]

  a. 미국의 지도자들이 영국에 대항하는 전쟁을 선포했습니다.

  b. 미국의 지도자들이 조지 국왕에게 항복했습니다.

c. 미국의 지도자들이 독립을 선언했습니다.

3. 미국 독립 선언서에 무엇이 쓰여 있지 않습니까? **[b]**

a. 모든 사람은 평등하게 태어났습니다.

b. 모든 사람은 다르게 대우받을 수 있습니다.

c. 모든 사람에게는 특정한 권리가 주어졌습니다.

4. 본문에서 무엇을 추론할 수 있습니까? **[a]**

a. 식민지들은 하나의 나라가 되기 위해 연합했습니다.

b. 조지 왕은 그 독립에 동의했습니다.

c. 많은 식민지 주민들이 영국으로 돌아갔습니다.

B 맞는 문장은 T를, 맞지 않는 문장은 F를 고르세요.

1. 미국인들은 영국의 지배를 받기를 원했습니다. **[F]**

2. 미국 지도자들은 그들이 스스로 통치해야 한다고 말했습니다.
[T]

Vocabulary Focus

A 다음 단어를 알맞은 뜻과 연결하세요.

1. 자유로운 ---- **d.** 원하는 것이 무엇이든 하고 말할 수 있도록
허용된

2. 독립 ---- **b.** 다른 나라의 지배를 벗어난 정치적인 자유

3. 조치 ---- **a.** 문제를 처리하기 위한 행동

4. 듣다 ---- **c.** 누군가가 말하는 것에 주의를 기울이다

B 다음 빈칸에 알맞은 단어를 고르세요.

통치하다 / 조치 / 평등한 / 기념하다

1. 1776년에 미국에 있는 영국의 식민지 주민은 매우 큰 조치를
취했습니다. **[step]**

2. 미국인들은 여전히 매년 7월 4일을 독립기념일로 기념합니다.
[celebrate]

3. 모든 사람은 평등하게 태어났습니다. **[equal]**

4. 사람들은 자유롭고 스스로 통치할 방법을 결정할 권리가 있습
니다. **[rule]**

Grammar Focus

미래시제: be going to + 동사원형

미래의 일에 대해 말할 때 be going to를 사용합니다. '~할 것이
다', '~할 예정이다'라는 의미를 나타내며, be going to 뒤에는 동
사원형이 와야 합니다.

알맞은 단어를 고르세요.

1. 우리는 더 이상 당신의 말을 듣지 않을 것입니다. **[listen]**

2. 나는 그것을 하지 않을 것입니다. **[do]**

3. 그녀는 열심히 공부할 것입니다 **[study]**

Summary

본문을 요약하기 위해 빈칸에 알맞은 단어를 골라 채우세요.

듣다 / 시작하다 / 권리 / 말했다 / 서명했다

In 1776, Americans wanted to start their own country.
On the fourth of July, in 1776, many American leaders
signed the Declaration of Independence. It said that
people are given certain rights and nobody could
take those rights away. The leaders told King George
they were not going to listen to him anymore.

1776년 미국 사람들은 자신들의 나라를 시작하고 싶었습니다.
1776년 7월 4일, 미국의 많은 지도자들은 독립 선언서에 서명했습
니다. 독립 선언서는 사람들에게 특정한 권리가 주어졌고, 아무도
그러한 권리를 빼앗아 갈 수 없다고 했습니다. 지도자들은 조지 국
왕에게 그들이 더 이상 그의 말을 듣지 않을 것이라고 말했습니다.

p.78

| 본문 해석 | **조지 워싱턴**

조지 워싱턴은 미국 창시자 중 한 명이었습니다. 그는 미국 독립 전쟁 중에 미국 군대를 이끌었고 후에 새 공화국의 초대 대통령이 되었습니다. 독립 전쟁이 시작되었을 때 미국에는 군대가 없었습니다. 각 식민지에서는 자유를 위해 싸우는 것을 돕고 싶은 사람들을 보냈지만, 이 사람들은 군인이 아니었습니다. 그들은 농부, 대장장이, 구두 제조인, 목수, 그리고 상점 주인들이었습니다.

누가 그들을 군대로 만들고 전쟁에서 이끌었을까요? 조지 워싱턴이 그 사람이었습니다. 그는 그들에게 전투 방법을 가르쳤습니다. 그는 힘든 역경 속에 그들과 함께했습니다. 8년 동안 워싱턴 장군은 막강한 영국 군대에 대항해 미국 군인들을 지휘했고, 그들을 승리로 이끌었습니다. 그는 미국인들에게 존경과 칭송을 받았습니다.

| 정답 |

Comprehension Checkup A 1. c 2. a 3. b 4. a B 1. F 2. T
Vocabulary Focus A 1. c 2. d 3. a 4. b
  B 1. Founding 2. liberty 3. commanded 4. hardships
Grammar Focus 1. They 2. them 3. It
Summary commander / army / led / hardships / won

| 삽화 말풍선 문장 | p.78
① 조지 워싱턴은 미국 창시자 중 한 명이었어.
② 워싱턴 장군은 미군들을 지휘했어.

| **Vocabulary** | p.79
• founding father 창시자, 창립자
• army 몡 군대
• liberty 몡 자유
• soldier 몡 군인
• blacksmith 몡 대장장이
• shoemaker 몡 구두 만드는 사람
• carpenter 몡 목수
• shopkeeper 몡 가게 주인
• battle 몡 전투
• command 통 지휘하다, 명령하다

| **Reading Focus** | p.79
• 미국 독립 전쟁은 무엇이었나요?
• 누가 평범한 사람들을 군대로 만들었나요?

| 문제 정답 및 해설 | p.81

Comprehension Checkup

A 가장 알맞은 답을 고르세요.

1. 본문은 주로 무엇에 관한 글입니까? [c]
  a. 미국과 그 군대의 탄생
  b. 조지 워싱턴과 건국의 아버지들
  c. 독립 전쟁과 조지 워싱턴

2. 전쟁 중에 조지 워싱턴은 무엇이었습니까? [a]
  a. 그는 사령관이었습니다.
  b. 그는 대통령이었습니다.
  c. 그는 영국의 군인이었습니다.

3. 조지 워싱턴에 관해 무엇이 사실이 아닙니까? [b]
  a. 미국 군대에 전투 방법을 가르쳐 주었습니다.
  b. 그의 집무실에서 병사들을 지휘했습니다.
  c. 미국 군인들을 승리로 이끌었습니다.

4. 본문에서 무엇을 추론할 수 있습니까?   [a]

   a. 승리가 독립으로 이어졌습니다.

   b. 영국군은 잘 훈련되지 않았습니다.

   c. 조지 워싱턴은 전쟁에서 부상을 입었습니다.

B 맞는 문장은 T를, 맞지 않는 문장은 F를 고르세요.

1. 식민지의 누구도 자유를 위해 싸우기를 원하지 않았습니다. [F]

2. 영국의 군대는 강했지만 전쟁에서 패했습니다.   [T]

Vocabulary Focus

A 다음 단어를 알맞은 뜻과 연결하세요.

1. 군대 ---- **c.** 전쟁 중에 싸우도록 훈련된 대규모 병사들

2. 자유 ---- **d.** 원하는 것이 무엇이든 할 수 있는 자유

3. 군인 ---- **a.** 한 나라 군대의 일원

4. 전투 ---- **b.** 적대하는 군대 간의 싸움

B 다음 빈칸에 알맞은 단어를 고르세요.

지휘했다 / 역경 / 창시 / 자유

1. 조지 워싱턴은 미합중국의 창시자 중 한 사람이었습니다.

                                                            [Founding]

2. 각 식민지에서는 자유를 위해 싸우는 것을 돕고 싶어 하는

   사람들을 보냈습니다.   [liberty]

3. 워싱턴 장군은 미국 군인들을 지휘했습니다. [commanded]

4. 조지 워싱턴은 힘든 역경 속에 군인들과 함께했습니다.

                                                        [hardships]

Grammar Focus

these와 they

여러 개의 물건이나 사람을 가리켜서 '이 사람들', 또는 '이것들'이라고 할 때 these를 씁니다. 그리고 이어서 그것을 다시 받아 말할 때, these는 '복수'이므로 주어이면 they로 쓰고 목적어이면 them으로 씁니다. '이것'이라는 의미로 한 개를 가리켜 말할 때는 this를 씁니다. this를 받아 다시 말할 때는 단수인 it을 사용합니다.

알맞은 단어를 고르세요.

1. 이 사람들은 군인이 아니었습니다. 그들은 농부, 대장장이, 그리고 구두 제조인들이었습니다.   [They]

2. 이것들은 네 것이야. 나는 그것들을 슈퍼마켓에서 샀어.

                                              [them]

3. 이것은 맛이 좋습니다. 그것은 한국에서 온 것입니다.   [It]

Summary

본문을 요약하기 위해 빈칸에 알맞은 단어를 골라 채우세요.

군대 / 역경 / 이끌었다 / 승리했다 / 사령관

George Washington was the commander of the American army during the American Revolutionary War. When the war started, there was no American army. But Washington turned the people into an army and led them in battle. He went through terrible hardships with them. Finally, the American soldiers won the war against the British army.

조지 워싱턴은 미국 독립 전쟁 때 미군의 사령관이었습니다. 전쟁이 시작되었을 때, 미국 군대가 없었습니다. 하지만 워싱턴은 사람들을 군대로 만들었고, 전투에서 그들을 이끌었습니다. 그는 그들과 함께 힘든 역경을 겪었습니다. 마침내, 미국 군인들은 영국 군대에 맞선 전쟁에서 승리했습니다.

p.84

| 본문 해석 | 벤저민 프랭클린

벤저민 프랭클린은 전기에 관한 몇 가지 중요한 발견을 한 최초의 사람들 중 한 명이었습니다. 그는 배우는 것을 무척 좋아했고, 실험하는 것을 좋아했으며, 기꺼이 열심히 일하려고 했습니다. 아직 젊은이였을 때 그는 인쇄업을 시작했고, 신문을 발행했으며, 프랑스어를 포함하여 4개 언어를 읽는 것을 독학했습니다.

벤저민 프랭클린은 독립 선언서에 서명한 미국 지도자들 중 한 명이었습니다. 독립 전쟁 중에 그는 프랑스로 파견되었습니다. 미국인들은 프랭클린이 프랑스 사람들을 설득해 영국과의 전쟁에서 자신들을 도와주기를 바랐습니다. 그리고 그는 바로 그것을 해냈습니다. 즉 그는 프랑스 사람들이 미국으로 군인들을 파병하도록 설득했습니다. 프랑스 군대는 미국이 전쟁에서 승리하도록 도왔습니다.

| 정답 |

Comprehension Checkup Ⓐ **1.**a **2.**a **3.**c **4.**c Ⓑ **1.**F **2.**T

Vocabulary Focus Ⓐ **1.**d **2.**c **3.**b **4.**a

Ⓑ **1.**discoveries **2.**willing **3.**signed **4.**convinced

Grammar Focus **1.**people **2.**leaders **3.**students

Summary electricity / learning / languages / convince / soldiers

| 삽화 말풍선 문장 | p.84

① 벤저민 프랭클린은 배우는 것을 좋아했고 실험하는 것을 좋아했어.

② 독립 전쟁 동안, 벤저민 프랭클린은 프랑스를 방문했어.

| **Vocabulary** | p.85

- discovery 명 발견
- electricity 명 전기
- experiment 동 실험하다
- willing 형 기꺼이 하는
- publish 동 출판하다
- convince 동 설득하다
- troop 명 군대, 병력

| Reading Focus | p.85

- 벤저민 프랭클린은 누구였나요?
- 벤저민 프랭클린은 프랑스에서 무엇을 했나요?

| 본문 그림 자료 | p.86

- Benjamin Franklin reading the Declaration of Independence
  독립 선언서를 읽고 있는 벤저민 프랭클린

| 문제 정답 및 해석 | p.87

Comprehension Checkup

Ⓐ 가장 알맞은 답을 고르세요.

1. 본문은 주로 무엇에 관한 글입니까? [a]

   a. 벤저민 프랭클린과 전쟁에서 그의 역할

   b. 벤저민 프랭클린의 위대한 발견

   c. 프랑스 군인으로서의 벤저민 프랭클린

2. 벤저민의 발견은 무엇과 관련이 있습니까? [a]

   a. 전기

   b. 인쇄

   c. 신문

3. 벤저민 프랭클린은 프랑스인들에게 무엇을 하라고 설득했습니까?

   a. 미국에 돈을 빌려 주라고   [c]

   b. 영국 본토를 공격하라고

   c. 미국에 군인을 보내 달라고

4. 벤저민 프랭클린에 관해 무엇을 추론할 수 있습니까?   [c]

   a. 그는 프랑스 군대에서 일했습니다.

   b. 그는 많은 전장에서 싸웠습니다.

   c. 그는 미국이 전쟁에서 승리하는 것을 도왔습니다.

B 맞는 문장은 T를, 맞지 않는 문장은 F를 고르세요.

1. 벤저민 프랭클린은 미국 독립에 반대했습니다.   [F]

2. 프랑스는 미국에 군대를 보냈습니다.   [T]

Vocabulary Focus

A 다음 단어를 알맞은 뜻과 연결하세요.

1. 전기 ---- **d.** 빛이나 열을 제공하는 데 쓰이는 전력

2. 실험하다 ---- **c.** 어떤 것이 사실인지 알아보기 위해 신중하게 시험해 보다

3. 설득하다 ---- **b.** 누군가로 하여금 무엇을 믿게 하다

4. 군대 ---- **a.** 군인 집단

B 다음 빈칸에 알맞은 단어를 고르세요.

서명했다 / 설득했다 / 발견 / 기꺼이 하는

1. 벤저민은 전기에 관한 몇 가지 중요한 발견을 했습니다.

                               [discoveries]

2. 벤저민 프랭클린은 기꺼이 열심히 일하려고 했습니다. [willing]

3. 벤저민 프랭클린은 독립 선언서에 서명했습니다.   [signed]

4. 그는 프랑스 사람들이 군인들을 보내도록 설득했습니다.

                               [convinced]

Grammar Focus

one of + 복수 명사

one of ~는 '~ 중에 하나'라는 뜻을 나타내기 때문에 of 다음에는 항상 복수 명사가 옵니다.

알맞은 단어를 고르세요.

1. 그는 전기에 관한 몇 가지 중요한 발견을 한 최초의 사람들 중 한 명이었습니다.   [people]

2. 그는 독립 선언서에 서명한 미국 지도자들 중 한 명이었습니다.

                               [leaders]

3. 그는 학교에서 가장 똑똑한 학생들 중 한 명입니다.

                               [students]

Summary

본문을 요약하기 위해 빈칸에 알맞은 단어를 골라 채우세요.

배우는 것 / 설득하다 / 군인들 / 전기 / 언어

Benjamin Franklin made discoveries about electricity. He loved learning and taught himself to read four different languages. When he was sent to France during the Revolutionary War, the Americans hoped that Franklin could convince the French to send soldiers to America. And he did that. The French sent soldiers, and the Americans won the war against the British.

벤저민 프랭클린은 전기에 관한 발견을 했습니다. 그는 배우는 것을 무척 좋아했고 4개 언어를 읽는 것을 독학했습니다. 미국 독립 전쟁 중에 그가 프랑스로 파견되었을 때, 미국 사람들은 프랑스 사람들이 미국에 군대를 파병하도록 프랭클린이 설득할 수 있기를 바랐습니다. 그리고 그는 그것을 해냈습니다. 프랑스 사람들은 군인들을 보냈고, 미국은 영국과의 전쟁에서 승리했습니다.

| 정답 |

Review Vocabulary Test

A **1.** law / 법 **2.** convince / 설득하다 **3.** independence / 독립 **4.** stamp / 우표

B **1.** monuments **2.** ruled **3.** vote **4.** hardships

C **1.** accept **2.** respect **3.** judge **4.** liberty **5.** listen **6.** experiment

q	a	w	c	i	b	w	r	m	k
l	i	s	t	e	n	z	e	u	r
d	i	e	t	e	z	o	s	t	c
s	a	b	p	e	l	n	p	l	v
e	x	p	e	r	i	m	e	n	t
u	y	f	m	r	e	n	c	i	j
a	c	c	e	p	t	i	t	t	y
j	u	d	g	e	u	y	t	v	g

Review Grammar Test

A **1.** made **2.** listen **3.** They **4.** boys

B **1.** Many people visit the White House every year.

2. King George made laws the colonists did not like.

3. He was one of the first people to make some important discoveries.

Review Vocabulary Test

A 알맞은 단어와 우리말 뜻을 쓰세요.

1. 사람들이 따라야 하는 규칙　　　　　　　　[law / 법]

2. 누군가로 하여금 무엇을 믿게 하다　[convince / 설득하다]

3. 다른 나라의 지배를 벗어난 정치적인 자유

[independence / 독립]

4. 봉투나 소포 위에 붙이는 작은 종잇조각　[stamp / 우표]

B 다음 빈칸에 알맞은 단어를 고르세요.

투표하다 / 역경 / 지배 받는 / 기념물

1. 워싱턴 D.C.에는 많은 박물관과 기념물이 있습니다.

[monuments]

2. 식민지 주민들은 조지 3세 왕의 지배를 받는 것에 대해 자랑스
러워했습니다.　　　　　　　　　　　[ruled]

3. 투표한다는 것은 어떤 사람이나 단체에 대한 찬성이나 반대를
택하는 것입니다.　　　　　　　　　　[vote]

4. 조지 워싱턴은 힘든 역경 속에 군인들과 함께했습니다.

[hardships]

C 알맞은 단어를 쓰세요. 그 다음 퍼즐에서 그 단어들을 찾아
동그라미 하세요.

1. 제안에 동의하다　　　　　　　　　　[accept]

2. 누군가에 대한 좋은 의견　　　　　　　[respect]

3. 법정을 책임지는 관리　　　　　　　　[judge]

4. 원하는 것이 무엇이든 할 수 있는 자유　[liberty]

5. 누군가가 말하는 것에 주의를 기울이다　[listen]

6. 어떤 것이 사실인지 아닌지를 알아보기 위해 신중하게 시험해
보다　　　　　　　　　　　　　[experiment]

Review Grammar Test

A 알맞은 단어를 고르세요.

1. 정부는 다양한 직종의 많은 사람들로 구성됩니다.　[made]

2. 우리는 더 이상 당신의 말을 듣지 않을 것입니다.　[listen]

3. 이 사람들은 군인이 아니었습니다. 그들은 농부, 대장장이, 그리
고 구두 만드는 사람들이었습니다.　　　　[They]

4. 그는 학교에서 가장 키가 큰 소년들 중 한 명입니다.　[boys]

B 밑줄 친 단어를 바르게 고친 다음 문장을 다시 쓰세요.

1. [Many people visit the White House every year.]
많은 사람들이 매년 백악관을 방문합니다.

2. [King George made laws the colonists did not
like.]
조지 국왕은 식민지 주민이 좋아하지 않는 법을 만들었습니다.

3. [He was one of the first people to make some
important discoveries.]
그는 몇 가지 중요한 발견을 한 최초의 사람들 중 한 명이었습
니다.

The Three Little Pigs

| 본문 해석 | 아기 돼지 세 마리

옛날에 엄마 돼지는 세 마리 아기 돼지들을 세상으로 내보내 자신들의 집을 짓도록 했습니다. 첫째 아기 돼지는 짚으로 집을 지었고, 둘째 아기 돼지는 나무토막으로 집을 지었습니다. 하지만 셋째 아기 돼지는 벽돌집을 지었습니다.

덩치가 크고 못된 늑대가 다가왔습니다. 늑대는 짚으로 된 집을 후우 불어 날려버리고 첫째 아기 돼지를 잡아먹었습니다.

그런 다음, 늑대는 나무토막으로 된 집으로 가서 집을 무너뜨렸습니다. 둘째 아기 돼지마저 잡아먹히고 말았습니다.

이번에, 늑대는 튼튼한 벽돌집을 불어서 무너뜨리려고 했지만 안 됐습니다. 늑대는 굴뚝을 노렸지만, 셋째 아기 돼지는 벽난로에 뜨거운 불을 피웠습니다. 늑대는 불 위로 떨어져 심한 화상을 입고 영원히 달아나 버렸습니다.

| 정답 |

Comprehension Checkup Ⓐ **1.** b **2.** c **3.** c **4.** a Ⓑ **1.** F **2.** T

Vocabulary Focus Ⓐ **1.** d **2.** a **3.** b **4.** c

Ⓑ **1.** built **2.** blew **3.** gobbled **4.** landed

Grammar Focus **1.** first **2.** second **3.** third

Summary build / straw / blew / tried / wolf

| 삽화 말풍선 문장 | p.94

① 늑대가 아기 돼지들을 해치려고 했어.

② 그 늑대는 굴뚝을 통해 벽돌집 안으로 들어갔어.

| Vocabulary | p.95

- pig 명 돼지
- straw 명 짚, 밀짚
- stick 명 나무토막, 나뭇가지
- brick 명 벽돌
- gobble 동 모조리 먹어치우다
- chimney 명 굴뚝

| Reading Focus | p.95

- 늑대가 아기 돼지들에게 무엇을 했나요?
- 늑대는 왜 달아났나요?

| 문제 정답 및 해석 | p.97

Comprehension Checkup

Ⓐ **가장 알맞은 답을 고르세요.**

1. 엄마 돼지는 그녀의 아이들이 무엇을 하기를 원했습니까? [b]

   a. 음식을 가져오기

   b. 그들의 집을 짓기

   c. 행복하게 함께 살기

2. 아기 돼지들에 관해 어느 것이 사실입니까? [c]

   a. 셋째 돼지는 나무토막 집을 지었습니다.

   b. 둘째 돼지는 벽돌집을 지었습니다.

   c. 첫째 돼지는 짚으로 집을 지었습니다.

3. 세 번째 집은 왜 쓰러지지 않았습니까? [c]

   a. 튼튼한 굴뚝을 가지고 있었기 때문에

   b. 늑대에 의해 지어졌기 때문에

   c. 벽돌로 지었기 때문에

4. 늑대는 왜 세 번째 집을 떠났습니까?　　　　　　[a]

  a. 그가 다쳤기 때문에

  b. 그가 배가 불렀기 때문에

  c. 그가 피곤했기 때문에

B 맞는 문장은 T를, 맞지 않는 문장은 F를 고르세요.

1. 둘째 아기 돼지는 가장 튼튼한 집을 지었습니다.　　　[F]

2. 셋째 아기 돼지는 전혀 해를 입지 않았습니다.　　　　[T]

Vocabulary Focus

A 다음 단어를 알맞은 뜻과 연결하세요.

1. 짚, 밀짚 · · · · **d.** 밀이나 다른 식물의 마른 줄기

2. 나무토막, 나뭇가지 · · · · **a.** 나무의 마른 가지

3. 벽돌 · · · · **b.** 구워진 점토로 된 딱딱한 사각형 덩어리

4. 모조리 먹어치우다 · · · · **c.** 무언가를 재빨리 먹다

B 다음 빈칸에 알맞은 단어를 고르세요.

떨어졌다 / 지었다 / 불었다 / 잡아먹힌

1. 셋째 아기 돼지는 벽돌집을 <u>지었습니다</u>.　　　[built]

2. 늑대는 짚으로 된 집을 <u>불어</u> 날려버리고는, 첫째 아기 돼지를 잡아먹었습니다.　　　[blew]

3. 둘째 아기 돼지는 <u>잡아먹혔습니다</u>.　　　[gobbled]

4. 늑대는 불에 <u>떨어졌습니다</u>.　　　[landed]

Grammar Focus

기수와 서수

one – first   two – second
three – third   four – fourth
five – fifth   six – sixth

숫자를 세는 방법으로 '하나, 둘, 셋, …'처럼 세는 방법과 '첫 번째, 두 번째, 세 번째, …'처럼 순서를 나타내는 방법이 있습니다. 앞의 숫자를 '기수'라고 하고, 순서를 나타내는 뒤의 숫자를 '서수'라고

합니다.

알맞은 단어를 고르세요.

1. 첫째 아기 돼지는 짚으로 집을 지었습니다.　　　[first]

2. 둘째 아기 돼지는 나무토막으로 집을 지었습니다.　[second]

3. 아동복은 3층에 있습니다.　　　　　　　　　　[third]

Summary

본문을 요약하기 위해 빈칸에 알맞은 단어를 골라 채우세요.

짓다 / 불었다 / 늑대 / 시도했다 / 짚

Once a mother pig sent her three children out to build their own houses. The first pig built a straw house, the second pig built a stick house, and the third pig built a brick house. One day, a big, bad wolf appeared. He blew down the first two houses and ate up the two pigs. But the brick house was so strong that the wolf tried entering by the chimney. The third pig built a hot fire in the fireplace and scared the wolf away for good.

옛날에 엄마 돼지가 아기 돼지 삼 형제를 내보내 자신들의 집을 <u>짓</u> <u>도록</u> 했습니다. 첫째 돼지는 <u>짚</u>으로 된 집을 지었고, 둘째 돼지는 나무토막으로 된 집을 지었으며, 셋째 돼지는 벽돌집을 지었습니다. 어느 날, 덩치 큰 못된 늑대가 나타났습니다. 늑대는 처음 두 집을 <u>불어서</u> 무너뜨리고 두 마리 돼지를 꿀꺽 삼켜 버렸습니다. 하지만 벽돌집은 매우 튼튼해서 늑대는 굴뚝으로 들어가려고 <u>시도했습</u> <u>니다</u>. 셋째 돼지는 벽난로에 뜨거운 불을 피웠고, <u>늑대</u>에게 겁을 주어 영원히 쫓아 버렸습니다.

p.100

| 본문 해석 | 장님과 코끼리

코끼리를 만나러 가는 여섯 명의 눈먼 사람들이 있었습니다. 첫 번째 남자는 코끼리의 거대한 옆구리(몸통)를 만졌습니다.

"코끼리가 높고 견고한 벽 같아." 그는 말했습니다.

두 번째 남자는, 코끼리의 머리 근처에 서 있었는데 길고 날카로운 상아에 손을 가져갔습니다. "아니야! 마치 창 같은걸."

세 번째 남자는 코끼리의 다리에 양팔을 둘러보고서는 말했습니다. "코끼리는 나무 같군."

네 번째 남자는 코끼리의 귀를 만지고는 말했습니다. "코끼리는 사실 부채와 비슷한데."

다섯 번째 남자는 코끼리의 뒤쪽 끝에 서 있었습니다. 그는 코끼리의 꼬리를 잡고 말했습니다. "코끼리는 밧줄과 많이 비슷하군."

그때 코끼리가 여섯 번째 남자를 코로 간지럼 태웠습니다. 깜짝 놀란 남자는 코끼리의 코를 밀어내며 말했습니다.

"코끼리는 정말 아주 큰 뱀 같아!"

| 정답 |

Comprehension Checkup **A** 1.c 2.b 3.c 4.b **B** 1.T 2.F

Vocabulary Focus **A** 1.b 2.a 3.d 4.c

                           B 1.visit 2.reached 3.tickled 4.trunk

Grammar Focus   1.near 2.on 3.at

Summary   side / tusk / leg / fan / rope / trunk

| 삽화 말풍선 문장 | p.100

① 여섯 명의 눈먼 사람들이 코끼리의 다른 부분을 만지고 있어.

② 모든 사람들은 코끼리에 대해 다른 생각을 가지고 있어.

| Vocabulary | p.101

· blind 형 눈이 먼

· side 명 옆구리, 옆

· tusk 명 엄니, 상아

· spear 명 창

· tickle 동 간지럼을 태우다

· trunk 명 (코끼리의) 코

· startle 동 깜짝 놀라게 하다

| Reading Focus | p.101

· 누가 코끼리의 옆구리를 만졌나요?

· 코끼리의 엄니는 무엇인가요?

| 문제 정답 및 해석 | p.103

Comprehension Checkup

A 가장 알맞은 답을 고르세요.

1. 두 번째 남자는 그의 손을 어디에 두었습니까?   [c]

   a. 코끼리의 코 위에

   b. 코끼리의 귀 위에

   c. 코끼리의 상아 위에

2. 코끼리의 어느 부분이 부채처럼 느껴졌습니까?   [b]

   a. 다리   **b.** 귀   **c.** 코

3. 여섯 번째 남자는 왜 깜짝 놀랐습니까?   [c]

   a. 코끼리가 그를 찼기 때문에

   b. 코끼리가 그를 머리로 밀었기 때문에

   c. 코끼리가 그를 코로 간지럽혔기 때문에

4. 이야기에서 무엇을 추론할 수 있습니까? [b]

   a. 그것은 항상 당신이 생각하는 것과 다릅니다.

   b. 일부분으로 무언가를 판단할 수 없습니다.

   c. 한 번에 모든 것을 보는 것은 불가능합니다.

B 맞는 문장은 T를, 맞지 않는 문장은 F를 고르세요.

1. 코끼리의 거대한 옆구리는 한 눈먼 남자에게 마치 높은 벽과도 같았습니다. [T]

2. 코끼리의 꼬리는 한 눈먼 남자로 하여금 창을 생각나게 만들었습니다. [F]

Vocabulary Focus

A 다음 단어를 알맞은 뜻과 연결하세요.

1. 간지럼을 태우다 ---- **b.** 손가락을 다른 사람의 몸 위에 부드럽게 움직여 웃게 만들다

2. 깜짝 놀라게 하다 ---- **a.** 누군가를 갑작스럽게 놀라게 하다

3. 창 ---- **d.** 한쪽 끝에 날카롭고 뾰족한 날이 있는 막대기

4. (코끼리의) 코 ---- **c.** 코끼리의 매우 기다란 코

B 다음 빈칸에 알맞은 단어를 고르세요.

> 간지럽혔다 / (코끼리의) 코 / 방문하다 / 뻗었다

1. 코끼리를 방문하러 간 여섯 명의 눈먼 사람들이 있었습니다. [visit]

2. 세 번째 사람은 코끼리의 다리 둘레로 양팔을 뻗었습니다. [reached]

3. 코끼리는 코로 여섯 번째 남자를 간지럽혔습니다. [tickled]

4. 깜짝 놀란 그 사람은 코끼리의 코를 밀어냈습니다. [trunk]

Grammar Focus

전치사 near, on, at

전치사는 사람이나 사물의 위치를 말할 때 유용하게 사용할 수 있습니다. 전치사는 명사 앞에 쓰입니다.

near: ~의 옆에   on: ~의 위에   at: ~에

문장을 읽고 전치사에 동그라미 치세요.

1. 두 번째 남자는 코끼리의 머리 근처에 서 있었습니다. [near]

2. 그는 자신의 손을 코끼리의 길고 날카로운 상아 위에 얹었습니다. [on]

3. 다섯 번째 남자는 코끼리의 뒤쪽 끝에 서 있었습니다. [at]

Summary

본문을 요약하기 위해 빈칸에 알맞은 단어를 골라 채우세요.

> 상아 / 옆구리 / 부채 / (코끼리의) 코 / 다리 / 밧줄

Six blind men went to visit an elephant. The first man felt its side. It was like a high, strong wall. The second man touched its tusk. It was like a spear. The third man reached around its leg. It was like a tree. The fourth man touched its ear. It was like a fan. The fifth man grabbed its tail. It was like a rope. The elephant tickled the sixth man with his trunk. It was like a large snake.

여섯 명의 눈먼 사람들이 코끼리를 만나러 갔습니다. 첫 번째 남자는 코끼리의 옆구리를 만져 봤습니다. 높고 견고한 벽 같았습니다. 두 번째 남자는 코끼리의 상아를 만져 봤습니다. 마치 창 같았습니다. 세 번째 남자는 코끼리의 다리 주위로 팔을 뻗어 보았습니다. 마치 나무 같았습니다. 네 번째 남자는 코끼리의 귀를 만졌습니다. 마치 부채 같았습니다. 다섯 번째 남자는 코끼리의 꼬리를 잡았습니다. 마치 밧줄 같았습니다. 코끼리가 코로 여섯 번째 남자를 간지럽혔습니다. 마치 커다란 뱀 같았습니다.

p.106

| 본문 해석 | 오페라

오페라는 연극과 같지만, 모든 것을 말 대신 노래로 합니다. 연극에서 사람들은 의상을 입고 무대 위로 가서 이야기를 연기합니다. 오페라에서도 배우들은 무대에서 노래를 부르고 이야기를 연기하지만, 대사를 말하지는 않습니다. 그리고 노래를 부르는 동안 오케스트라가 배우들이 맞춰 부르는 음악을 연주합니다. 오페라는 보통 오페라 하우스에서 공연됩니다.

많은 오페라들이 이탈리아, 독일, 그리고 프랑스와 같은 유럽 국가들에서 살았던 작곡가들에 의해 쓰여졌습니다. 이러한 이유로 많은 오페라를 영어가 아닌 언어로 부릅니다. 하지만 노래와 음악이 매우 아름답기 때문에, 말을 이해하지 못하더라도 많은 사람들이 오페라 듣는 것을 무척 좋아합니다.

| 정답 |

Comprehension Checkup A **1.**b **2.**b **3.**b **4.**a B **1.**T **2.**T

Vocabulary Focus A **1.**c **2.**a **3.**b **4.**d

　　　　　　　　　　　　 B **1.**speak **2.**performed **3.**written **4.**languages

Grammar Focus **1.**but **2.**but **3.**but

Summary speak / sing / written / words / listen

| 삽화 말풍선 문장 | p.106

① 오페라는 모든 것을 말 대신 노래로 해.
② 배우들이 노래를 부르는 동안, 오케스트라는 그들을 위해 음악을 연주해.

| Vocabulary | p.107

• play 명 연극
• instead 부 대신에
• costume 명 의상
• onstage 부 무대 위로
• actor 명 배우
• perform 동 공연하다
• composer 명 작곡가
• language 명 언어

| Reading Focus | p.107

• 오페라는 무엇인가요?
• 사람들은 왜 오페라를 듣는 것을 무척 좋아하나요?

| 본문 그림 자료 | p.108

• Actors performing an opera
　오페라를 공연하는 배우들

| 문제 정답 및 해석 | p.109

Comprehension Checkup

A **가장 알맞은 답을 고르세요.**

1. 본문은 주로 무엇에 관한 글입니까?　　　　　　[b]
　　a. 오페라가 어떻게 시작되었나
　　b. 오페라는 어떤 것인가
　　c. 오페라를 누가 만들었나

2. 어떤 면에서 오페라는 연극과 비슷합니까?　　　[b]
　　a. 배우들이 음악에 맞춰 노래를 부릅니다.
　　b. 배우들이 무대 위에서 이야기를 연기합니다.
　　c. 배우들이 무대 위에서 대사를 말합니다.

3. 많은 오페라 작곡가들은 어디에서 살았습니까?　　　　[b]

   a. 아시아 국가

   b. 유럽 국가

   c. 미국

4. 오페라에 관해 무엇을 추론할 수 있습니까?　　　　[a]

   a. 오케스트라는 오페라에서 중요한 역할을 합니다.

   b. 오늘날 그들은 대부분 영어로 공연됩니다.

   c. 사람들은 언어 때문에 그것들을 즐기지 않습니다.

B 맞는 문장은 T를, 맞지 않는 문장은 F를 고르세요.

1. 오페라에서 배우들은 그들의 대사를 노래합니다.　　[T]

2. 많은 사람들이 오페라에서 연주되거나 노래되는 음악을 좋아
합니다.　　　　[T]

Vocabulary Focus

A 다음 단어를 알맞은 뜻과 연결하세요.

1. 의상 ---- **c.** 배우가 입는 한 벌의 옷

2. 대신에 ---- **a.** 누군가 혹은 무언가를 대신해서

3. 무대 위로 ---- **b.** 극장 안의 무대 위에

4. 배우 ---- **d.** 연극, 오페라, 또는 영화에서 연기하는 사람

B 다음 빈칸에 알맞은 단어를 고르세요.

언어 / 공연된 / 말하다 / 쓰여진

1. 오페라에서, 배우들은 대사를 말하지 않습니다.　　[speak]

2. 오페라는 보통 오페라 하우스에서 공연됩니다. [performed]

3. 많은 오페라가 이탈리아, 독일, 그리고 프랑스에 살던 작곡가
들에 의해서 쓰여졌습니다.　　　　[written]

4. 많은 오페라가 영어가 아닌 언어로 노래됩니다. [languages]

Grammar Focus

접속사 but

접속사 but은 '그러나', '하지만'이라는 뜻을 나타냅니다. '대조'를
이루는 말이므로, but으로 연결된 두 개의 상황이 서로 반대되는
경우일 때 사용합니다.

알맞은 단어를 고르세요.

1. 배우들은 무대에서 이야기를 노래하고 연기하지만, 그들은 대사
를 말하지는 않습니다.　　　　[but]

2. 사람들은 그를 좋아하지만, 나는 그렇지 않습니다.　[but]

3. 나는 피곤했지만, 계속 공부했습니다.　　　　[but]

Summary

본문을 요약하기 위해 빈칸에 알맞은 단어를 골라 채우세요.

노래하다 / 말, 대사 / 듣다 / 쓰여진 / 말하다

In an opera, the actors do not speak any lines, but
sing them. While they sing, an orchestra plays music
for them. Many operas were written in Italian, German,
and French, not in English. So many people do not
understand the words. However, the singing and
music are so beautiful that many people love to listen
to operas anyway.

오페라에서는 배우들이 대사를 말하지 않고, 노래합니다. 그들이
노래하는 동안 오케스트라가 그들을 위해 음악을 연주합니다. 많은
오페라가 영어가 아닌 이탈리아어, 독일어, 그리고 프랑스어로 쓰
여졌습니다. 그래서 많은 사람들은 대사를 이해할 수가 없습니다.
하지만, 노래와 음악이 매우 아름다워서 어쨌든 많은 사람들이 오
페라를 듣는 것을 무척 좋아합니다.

p.112

| 본문 해석 | **발레**

발레는 춤의 한 종류입니다. 발레는 특별한 훈련을 받은 무용수들만 춥니다.

발레는 이야기를 전달할 수 있습니다. 발레에는 음악이 있는데 대개 오케스트라에 의해 연주되지만, 아무도 노래하거나 말하지는 않습니다. 대신 많은 발레에서 무용수들은 움직이는 방식을 통해서만 이야기를 전달합니다. 어떤 발레는 〈잠자는 숲속의 공주〉의 이야기처럼 사람들이 알 만한 이야기를 전합니다.

발레 무용수들은 알아야 하는 모든 것을 배우기 위해 다년간 연습해야 합니다. 그들은 열심히 연습해야 하고 매우 튼튼한 다리를 갖고 있어야 합니다. 균형을 유지하고 몸을 제어하려고 애써야 합니다. 때로 그들은 발끝으로만 춤을 추기도 합니다. 때로 그들은 계속 회전하기도 합니다. 때로 그들은 공중으로 높이 뛰어오르기도 합니다.

| 정답 |

Comprehension Checkup A 1.c 2.a 3.a 4.b B 1.T 2.F

Vocabulary Focus A 1.c 2.a 3.d 4.b

　　　　　　　　　　B 1.orchestra 2.training 3.balancing 4.leaps

Grammar Focus 1.practice 2.work 3.has

Summary dance / orchestra / balancing / tips / leaps

| 삽화 말풍선 문장 | p.112

① 발레는 특별한 훈련을 받은 무용수들이 춰.

② 발레 무용수들은 다년간 연습해야 해.

| **Vocabulary** | p.113

• training 명 훈련
• balance 동 균형을 유지하다
• control 동 제어하다, 통제하다
• spin 동 (빙빙) 돌다, 회전하다
• leap 명 도약, 높이뛰기

| **Reading Focus** | p.113

• 발레는 무엇인가요?
• 발레 무용수가 되기 위해 무엇이 필요한가요?

| 본문 그림 자료 | p.114

• *Sleeping Beauty* 〈잠자는 숲속의 공주〉

| 문제 정답 및 해석 | p.115

Comprehension Checkup

A 가장 알맞은 답을 고르세요.

1. 본문은 주로 무엇에 관한 글입니까?　　　　　　　　[c]
　　a. 발레의 역사
　　b. 발레를 연습하는 방법
　　c. 발레와 발레 무용수

2. 발레 무용수에 관해 어느 것이 사실이 아닙니까?　　　[a]
　　a. 때로 노래를 통해 이야기를 전달합니다.
　　b. 때로 계속 회전합니다.
　　c. 때로 공중으로 높이 뛰어오릅니다.

3. 발레 무용수들은 무엇을 가져야 합니까?　　　　　　[a]
　　a. 튼튼한 다리
　　b. 긴 팔
　　c. 좋은 눈

4. 본문에서 무엇을 추론할 수 있습니까?　　　　　[b]

　　a. 발레에서는 연기를 할 수 없습니다.

　　b. 발레를 하기 위해서는 많은 노력이 필요합니다.

　　c. 발레 무용수들은 오랫동안 달릴 수 있습니다.

B 맞는 문장은 T를, 맞지 않는 문장은 F를 고르세요.

1. 발레 무용수들은 춤으로 이야기를 전달합니다.　　[T]

2. 발레 무용수들은 종종 그들의 손끝으로 춤을 춥니다.　[F]

Vocabulary Focus

A 다음 단어를 알맞은 뜻과 연결하세요.

1. 균형을 유지하다 ---- **c.** 흔들림 없는 자세를 유지하다

2. 제어하다, 통제하다 ---- **a.** 어떤 것이 자신이 원하는 것을 하도록 만들다

3. 돌다, 회전하다 ---- **d.** 매우 빠르게 빙빙 돌다

4. 도약, 높이뛰기 ---- **b.** 큰 점프

B 다음 빈칸에 알맞은 단어를 고르세요.

　　훈련 / 오케스트라 / 도약 / 균형 유지하기

1. 발레에는 음악이 있는데, 대개 오케스트라에 의해 연주됩니다.
　　　　　　　　　　　　　　　　　　　[orchestra]

2. 그것은 특별한 훈련을 받은 무용수들만 춥니다.　　[training]

3. 발레 무용수들은 균형을 유지하려고 애써야 합니다.
　　　　　　　　　　　　　　　　　　　[balancing]

4. 종종 발레 무용수들은 공중으로 높은 도약을 합니다.　[leaps]

Grammar Focus

have to

have/has to + 동사원형: ~해야 한다

have to는 '어쩔 수 없이 그렇게 해야 한다', '그럴 필요가 있기 때문에 꼭 그렇게 한다' 등의 의미를 나타낼 때 사용합니다. 3인칭 단수 주어일 때는 has to를 씁니다.

알맞은 단어를 고르세요.

1. 발레 무용수들은 알아야 하는 모든 것들을 배우기 위해 수년간 연습을 해야 합니다.　　　　　　　　　[practice]

2. 발레 무용수들은 몸을 제어하려고 애써야 합니다.　[work]

3. 그녀는 오늘 오후에 우체국에 가야 합니다.　　　[has]

Summary

본문을 요약하기 위해 빈칸에 알맞은 단어를 골라 채우세요.

　　끝 / 춤 / 도약 / 균형 유지하기 / 오케스트라

Ballet is a type of dance. During a ballet, we can hear music. It is often played by an orchestra. In a ballet, the dancers tell a story by dancing. Ballet dancers have to work at balancing themselves and controlling their bodies. Sometimes they dance only on the tips of their toes, spin around and around, and make high leaps into the air.

발레는 춤의 한 종류입니다. 발레 공연 중에 우리는 음악을 들을 수 있습니다. 음악은 대개 오케스트라에 의해 연주됩니다. 발레에서 무용수들은 춤을 통해 이야기를 전달합니다. 발레 무용수들은 몸의 균형을 유지하고 몸을 제어하려고 애써야 합니다. 때때로 그들은 발가락 끝으로만 춤을 추고, 계속 빙빙 돌고, 그리고 공중으로 높은 도약을 합니다.

p.118

| 정답 |

Review Vocabulary Test

A **1.** trunk / (코끼리의) 코   **2.** costume / 의상

3. control / 제어하다, 통제하다   **4.** stick / 나무토막, 나뭇가지

B **1.** gobbled   **2.** speak   **3.** balancing   **4.** reached

C **1.**

	b	r	i	c	k	

2.

	s	t	a	r	t	l	e

3.

	l	e	a	p

4.

s	t	r	a	w

5.

	i	n	s	t	e	a	d

6.

	a	c	t	o	r

7.

s	p	e	a	r

➜ balance

Review Grammar Test

A **1.** second   **2.** on   **3.** but   **4.** go

B **1.** Ballet dancers have to work at controlling their bodies.

2. People like him, but I do not.

3. The clothes for children are on the third floor.

Review Vocabulary Test

A 알맞은 단어와 우리말 뜻을 쓰세요.

1. 코끼리의 매우 기다란 코   [trunk / (코끼리의) 코]

2. 배우가 입는 한 벌의 옷   [costume / 의상]

3. 어떤 것이 자신이 원하는 것을 하도록 만들다
                   [control / 제어하다, 통제하다]

4. 나무의 마른 가지   [stick / 나무토막, 나뭇가지]

B 다음 빈칸에 알맞은 단어를 고르세요.

잡아먹히는 / 말하다 / 뻗었다 / 균형 유지하기

1. 둘째 아기 돼지는 잡아먹혔습니다.   [gobbled]

2. 오페라에서, 배우들은 대사를 말하지 않습니다.   [speak]

3. 발레 무용수들은 균형을 유지하려고 애써야 합니다.
                         [balancing]

4. 세 번째 남자는 코끼리의 다리 둘레로 양팔을 뻗었습니다.
                         [reached]

C 퍼즐을 완성하세요.

1. 구워진 점토로 된 딱딱한 사각형 덩어리   [brick]

2. 누군가를 갑작스럽게 놀라게 하다   [startle]

3. 큰 점프   [leap]

4. 밀이나 다른 식물의 마른 줄기   [straw]

5. 누군가 혹은 무언가를 대신해서   [instead]

6. 연극, 오페라, 또는 영화에서 연기하는 사람   [actor]

7. 한쪽 끝에 날카롭고 뾰족한 날이 있는 막대기   [spear]

색 상자 안의 한 단어는 무엇인가요? [balance(균형을 유지하다)]

Review Grammar Test

A 알맞은 단어를 고르세요.

1. 둘째 아기 돼지는 나무토막으로 집을 지었습니다.   [second]

2. 그는 자신의 손을 코끼리의 길고 날카로운 상아 위에 얹었습니다.
                         [on]

3. 배우들은 무대에서 이야기를 노래하고 연기하지만, 그들은 대사를 말하지는 않습니다.   [but]

4. 그녀는 오늘 오후에 우체국에 가야 합니다.   [go]

B 밑줄 친 단어를 바르게 고친 다음 문장을 다시 쓰세요.

1. [Ballet dancers have to work at controlling their bodies.]
발레 무용수들은 몸을 제어하려고 애써야 합니다.

2. [People like him, but I do not.]
사람들은 그를 좋아하지만, 나는 그렇지 않습니다.

3. [The clothes for children are on the third floor.]
아동복은 3층에 있습니다.

p.122

| 본문 해석 | 자화상

때로 화가들은 자신의 초상화를 그립니다. 이것은 자화상이라고 합니다. 자화상은 사진처럼 보일 필요는 없습니다. 자신의 모습을 다양한 방식으로 그릴 수 있고, 각 방식은 자신을 느끼는 방식에 대해 다른 것을 말해 줄 것입니다.

네덜란드의 화가 빈센트 반 고흐는 37점의 자화상을 그렸습니다. 〈자화상〉이라고 불리는 이 작품은 36세였을 때의 그를 보여 주고 있습니다. 반 고흐가 여러분에게 어떻게 보이나요? 차분해 보이나요, 아니면 걱정스러워 보이나요?

미국의 화가 노먼 록웰이 그린 자화상에서는 매우 다른 느낌을 받게 됩니다. 〈삼중 자화상〉이라고 불리는 이 그림에서 록웰은 자신의 그림을 그리는 아이디어로 재미있는 시간을 보내고 있습니다. 거기에 록웰이 몇 번 나타나 있나요?

| 정답 |

Comprehension Checkup A **1.** b **2.** c **3.** b **4.** b B **1.** F **2.** T

Vocabulary Focus A **1.** b **2.** a **3.** d **4.** c

B **1.** photograph **2.** painted **3.** feeling **4.** himself

Grammar Focus **1.** himself **2.** yourself

Summary self-portrait / different / yourself / look / fun

| 삽화 말풍선 문장 | p.122

① 자화상은 예술가 자신의 초상화야.

② 자화상은 예술가가 자신에 대해 어떻게 느끼는지 보여줘.

| Vocabulary | p.123

· paint 동 (그림물감으로) 그리다

· self-portrait 명 자화상

· photograph 명 사진

· Dutch 형 네덜란드의

· calm 형 차분한, 조용한

· worried 형 걱정스러운, 걱정하는

· triple 형 3중의

| Reading Focus | p.123

· 빈센트 반 고흐는 어떤 사람이었나요?

· 노먼 록웰은 어떤 사람이었나요?

| 문제 정답 및 해석 | p.125

Comprehension Checkup

A 가장 알맞은 답을 고르세요.

1. 본문은 주로 무엇에 관한 글입니까? [b]

a. 다양한 스타일의 자화상

b. 자화상과 그 예시들

c. 예술가가 스스로를 그리는 이유

2. 빈센트 반 고흐에 관해 무엇이 사실이 아닙니까? [c]

a. 네덜란드의 화가입니다.

b. 37점의 자화상을 남겼습니다.

c. 자신을 재미있게 그렸습니다.

3. 〈삼중 자화상〉에 관해 무엇이 사실입니까? [b]

a. 빈센트 반 고흐가 그렸습니다.

b. 화가의 모습을 세 번 보여 줍니다.

c. 〈자화상〉과 같은 느낌을 줍니다.

4. 노먼 록웰은 누구였습니까? [b]

   a. 네덜란드의 화가였습니다.

   b. 미국의 예술가였습니다.

   c. 미국의 과학자였습니다.

B 맞는 문장은 T를, 맞지 않는 문장은 F를 고르세요.

1. 여러분이 친구의 초상화를 그린다면, 그 그림은 자화상입니다. [F]

2. 초상화는 사진과는 다르게 보일 수 있습니다. [T]

Vocabulary Focus

A 다음 단어를 알맞은 뜻과 연결하세요.

1. 사진 ---- **b.** 카메라를 이용하여 찍는 사진

2. (그림물감으로) 그리다 ---- **a.** 색깔을 사용하여 그림을 그리다

3. 차분한, 조용한 ---- **d.** 편안하고 조용한, 화내지 않는

4. 걱정스러운, 걱정하는 ---- **c.** 언짢거나 초조한

B 다음 빈칸에 알맞은 단어를 고르세요.

느낌 / 그 자신 / 사진 / 그렸다

1. 자화상은 꼭 <u>사진</u>처럼 보일 필요는 없습니다. [photograph]

2. 네덜란드의 화가 빈센트 반 고흐는 많은 자화상을 <u>그렸습니다</u>. [painted]

3. 노먼 록웰이 그린 자화상에서 여러분은 매우 다른 <u>느낌</u>을 받게 됩니다. [feeling]

4. 록웰은 <u>자신</u>의 그림을 그리는 아이디어로 재미있는 시간을 보냈습니다. [himself]

Grammar Focus

재귀 대명사

한 문장 안에서 주어가 목적어로 다시 등장할 때는 목적어 자리에 재귀 대명사를 씁니다. 각 인칭 대명사의 재귀 대명사는 다음과 같습니다.

주격	재귀 대명사
I	myself
we	ourselves
you	yourself(단수) yourselves(복수)
he	himself
she	herself
they	themselves
it	itself

괄호 안 단어의 알맞은 형태를 빈칸에 쓰세요.

1. 때로 화가는 자신의 그림을 그립니다. [himself]

2. 당신은 자신을 다양한 방식으로 그릴 수 있습니다. [yourself]

Summary

본문을 요약하기 위해 빈칸에 알맞은 단어를 골라 채우세요.

재미있는 / 당신 자신 / 보이다 / 여러 가지의 / 자화상

A self-portrait is a picture of the artist himself. You can paint yourself in many different ways. And each way shows how you feel about yourself. In *Self-Portrait* by Vincent van Gogh, he does not look very happy. But in *Triple Self-Portrait* by Norman Rockwell, we get a different feeling. In his painting, he shows a fun way of painting oneself.

<u>자화상</u>은 화가 자신을 그린 그림입니다. 여러분은 매우 <u>여러 가지</u> 방식으로 자신을 그릴 수 있습니다. 그리고 각각의 방식은 <u>당신 자신</u>에 대해 느끼는 방식을 보여 줄 것입니다. 빈센트 반 고흐의 〈자화상〉에서 그는 행복해 <u>보이지</u> 않습니다. 하지만 미국의 화가 노먼 록웰의 〈삼중 자화상〉에서, 우리는 다른 느낌을 받습니다. 그의 그림에서, 그는 자신을 그리는 <u>재미있는</u> 방식을 보여 줍니다.

Still Lifes

p.128

| 본문 해석 | **정물화**

정물화라는 그림의 한 종류가 있습니다. 그것은 그림 속 물체가 움직이지 않기 때문에 그렇게 불립니다. 그것들은 가만히 있습니다. 사람은 정물화에 포함되지 않습니다.

정물화는 17세기 이후 인기를 얻었는데, 당시 네덜란드의 화가들이 정물화를 예술로 끌어올렸습니다.

정물화를 그리려면 화가는 우선 어떤 대상을 그릴지 정해야 합니다. 정물화에는 꽃, 과일, 책, 자기, 은식기류, 가구 또는 기타 작은 물건이 포함됩니다. 일단 화가가 무엇을 그릴지 알면, 화가는 그 대상들을 어떻게 배치할지 결정해야 합니다. 어떤 모양과 색깔의 물체가 나란히 있으면 좋을까? 빛이 어디에 떨어질까? 정물화에 다양한 질감을 가진 여러 물체를 넣을 것인가?

| 정답 |

Comprehension Checkup A 1. a 2. b 3. c 4. c B 1. F 2. T
Vocabulary Focus A 1. d 2. c 3. b 4. a
　　　　　　　　　　B 1. included 2. popular 3. textures 4. arrange
Grammar Focus 　1. Will light fall here? 2. Will they come here?
Summary 　　　　nonmoving / included / popularity / arrange / fall

| 삽화 말풍선 문장 | p.128
① 정물화 속의 물체들은 움직이지 않아.
② 정물화는 대개 사람을 포함하지 않아.

| **Vocabulary** | p.129
• painting 명 그림, 회화
• still life 정물화
• popular 형 인기 있는, 대중적인
• fine art 예술
• china 명 도자기, 도자기 그릇
• silverware 명 은제품, 은식기류
• furniture 명 가구
• arrange 동 배열하다
• texture 명 질감

| **Reading Focus** | p.129
• 정물화는 무엇인가요?
• 정물화 안에는 무엇이 있나요?

| 문제 정답 및 해석 | p.131

Comprehension Checkup

A 가장 알맞은 답을 고르세요.

1. 본문은 주로 무엇에 관한 글입니까? [a]
   a. 정물화와 그것을 그리는 방법
   b. 정물화를 그리는 다양한 방법
   c. 대중적인 정물화의 종류

2. 정물화는 무엇입니까? [b]
   a. 일상 생활의 그림
   b. 움직이지 않는 물체의 그림
   c. 사람의 그림

3. 어느 것이 정물화에 들어가지 않습니까? [c]
   a. 책
   b. 가구
   c. 아이들

4. 정물화 화가에 관해 무엇을 추론할 수 있습니까?   [c]

   a. 그들은 움직이는 것을 그리는 것에 능숙하지 않습니다.

   b. 그들은 다양한 질감의 물체를 선호합니다.

   c. 그들은 그림을 그리기 전에 몇 가지를 결정해야 합니다.

B 맞는 문장은 T를, 맞지 않는 문장은 F를 고르세요.

1. 정물화에서 물체의 배열은 중요하지 않습니다.   [F]

2. 정물화 그림은 예술입니다.   [T]

Vocabulary Focus

A 다음 단어를 알맞은 뜻과 연결하세요.

1. 질감 ---- **d.** 무언가를 만질 때 느껴지는 방식

2. 그림, 회화 ---- **c.** 누군가 그린 그림

3. 도자기, 도자기 그릇 ---- **b.** 구운 점토로 만든 접시, 컵 등의 것

4. 은제품, 은식기류 ---- **a.** 은으로 만들어진 칼, 포크, 숟가락

B 다음 빈칸에 알맞은 단어를 고르세요.

배치하다 / 질감 / 포함된 / 인기 있는

1. 사람은 정물화에 포함되지 않습니다.   [included]

2. 정물화는 17세기 이후 인기를 얻었습니다.   [popular]

3. 다양한 질감을 가진 여러 물체를 넣을 것인가?   [textures]

4. 화가는 그 대상들을 어떻게 배치할지 결정해야 합니다.

                                                 [arrange]

Grammar Focus

Will 의문문

Will + 주어 + 동사원형 ~?: ~할 것입니까?

will은 '~할 것이다'라는 의미로, 미래의 의미를 나타낼 때 쓰는 조동사입니다. 조동사 will이 쓰인 문장을 의문문으로 만들 때는 will을 주어 앞으로 보내면 됩니다.

보기와 같이 문장을 바꿔 쓰세요.

1. [Will light fall here?]

   빛이 여기로 떨어지게 될까요?

2. [Will they come here?]

   그들이 이곳으로 올 것인가요?

Summary

본문을 요약하기 위해 빈칸에 알맞은 단어를 골라 채우세요.

인기 / 포함된 / 떨어지다 / 배치하다 / 움직이지 않는

A still life is a painting with nonmoving objects. People are not included in still lifes. Still-life painting has gained popularity since the 17th century. After deciding what objects to paint, the artist has to decide how to arrange the objects and how to let light fall.

정물화는 움직이지 않는 물체의 그림입니다. 정물화에는 사람이 포함되지 않습니다. 정물화는 17세기 이후로 인기를 얻었습니다. 어떤 대상을 그릴지 결정한 후, 화가는 그 대상들을 어떻게 배치할지, 그리고 빛이 어떻게 떨어지게 할지 결정해야 합니다.

p.134

| 본문 해석 | **시계를 보는 방법**

분침이 한 숫자에서 다음 숫자로 이동하면 5분이 지난 것입니다. 예를 들면 지금 시간은 4시 5분입니다.

시침이 5와 6 사이에 있습니다. 이것은 5시를 지났지만 아직 6시는 되지 않은 것입니다. 시간은 5시 35분입니다. 5시 35분을 쓰는 또 한 가지 방식은 5:35입니다. 두 개의 점 :은 콜론이라고 합니다. 콜론의 왼쪽에 있는 숫자는 시를 알려 줍니다. 콜론의 오른쪽에 있는 숫자는 분을 알려 줍니다. 3:15은 3시 15분을 의미합니다.

이 시계는 2시 30분, 즉 2:30입니다. 30분은 한 시간의 절반입니다. 그래서 2:30은 '2시 반'이라고도 합니다.

| 정답 |

Comprehension Checkup A **1.** b **2.** b **3.** c **4.** b B **1.** F **2.** T
Vocabulary Focus A **1.** b **2.** a **3.** d **4.** c
                       B **1.** hours **2.** after **3.** half **4.** minutes
Grammar Focus **1.** a **2.** an **3.** An
Summary after / colon / hours / minutes / half

| 삽화 말풍선 문장 | p.134
① 5:35는 5시 35분이야.
② 2:30은 2시 30분 또는 2시 반이야.

| **Vocabulary** | p.135
· hand 명 (시, 분, 초) 침
· pass 동 지나다
· example 명 예시, 보기
· dot 명 점
· colon 명 콜론
· clock 명 시계
· half 명 반, 절반

| **Reading Focus** | p.135
· 분침은 무엇인가요?
· 시침은 무엇인가요?

| 문제 정답 및 해석 | p.137

Comprehension Checkup

A 가장 알맞은 답을 고르세요.

1. 본문은 주로 무엇에 관한 글입니까? [b]
   a. 시간을 지키는 방법
   b. 시계 읽는 법
   c. 시계의 작동 원리

2. 5:35는 어떻게 쓸 수 있습니까? [b]
   a. 35분 후 5시간
   b. 5시 35분
   c. 35분 전 5시

3. 다음 중 어느 것이 '2시 반'입니까? [c]
   a. 1:30
   b. 2:05
   c. 2:30

4. 본문에서 무엇을 추론할 수 있습니까?   [b]

  a. 시침은 다른 것들보다 빠릅니다.

  b. 시간을 말하는 한 가지 이상의 방법이 있습니다.

  c. 시계 없이 시간을 알 수 있는 방법은 없습니다.

B 맞는 문장은 T를, 맞지 않는 문장은 F를 고르세요.

1. 콜론은 분과 초를 구분합니다.   [F]

2. 한 시간의 절반은 30분을 의미합니다.   [T]

Vocabulary Focus

A 다음 단어를 알맞은 뜻과 연결하세요.

1. 지나다 ---- **b.** 지나가다, 흐르다

2. 예시 ---- **a.** 설명을 돕기 위해 언급된 것

3. 점 ---- **d.** 작고 동그란 표시나 점

4. 시계 ---- **c.** 벽이나 탁자 위에 있는, 시간을 보여 주는 것

B 다음 빈칸에 알맞은 단어를 고르세요.

시, 시간 / 절반 / 분 / ~ 후에

1. 5:35에서 콜론의 왼쪽에 있는 숫자는 시를 알려 줍니다.

                                 [hours]

2. 3:15는 3시 후 15분(3시 15분)을 의미합니다.   [after]

3. 2:30은 '2시 반'이라고도 합니다.   [half]

4. 30분은 한 시간의 절반입니다.   [minutes]

Grammar Focus

부정관사 a/an

부정관사 a/an은 셀 수 있는 단수 명사 앞에 씁니다. 셀 수 있는 명사의 첫 글자가 모음인 [a], [e], [i], [o], [u]로 발음될 때는 명사 앞에 an을 붙입니다. 명사의 첫 글자가 모음이 아니고 자음 소리가 날 경우에는 a를 붙입니다. hour는 모음 소리로 시작하기 때문에 앞에 관사가 필요할 때 an을 씁니다.

알맞은 단어를 고르세요.

1. 2개의 점 ":"은 콜론이라고 합니다.   [a]

2. 30분은 한 시간의 절반입니다.   [an]

3. 화가는 먼저 어떤 대상을 그릴지 결정해야 합니다.   [An]

Summary

본문을 요약하기 위해 빈칸에 알맞은 단어를 골라 채우세요.

반, 절반 / ~ 후에 / 분 / 시, 시간 / 콜론

A way of writing 35 minutes after 5 is 5:35. The two dots ":" are called a colon. The number to the left of the colon tells the hours. The number to the right tells the minutes. Thirty minutes is half an hour, so 2:30 is also called 'half past 2.'

5시 후 35분(5시 35분)을 적는 한 방법은 5:35입니다. 두 개의 점 :은 콜론이라고 합니다. 콜론의 왼쪽에 있는 숫자는 시를 알려 줍니다. 오른쪽에 있는 숫자는 분을 알려 줍니다. 30분은 한 시간의 절반이므로, 2:30은 '2시 반'이라고도 합니다.

p.140

| 본문 해석 | **달력**

달력은 특정한 해의 날, 주, 그리고 월을 보여 주는 페이지 모음입니다. 보통은 그것을 벽에 걸어 둡니다.

일주일에는 7일이 있습니다: 일요일, 월요일, 화요일, 수요일, 목요일, 금요일, 그리고 토요일.

일 년에는 12개월이 있습니다: 1월, 2월, 3월, 4월, 5월, 6월, 7월, 8월, 9월, 10월, 11월, 그리고 12월.

1월은 일 년 중 첫 번째 달이고, 3월은 일 년 중 세 번째 달, 6월은 일 년 중 여섯 번째 달, 11월은 일 년 중 열한 번째 달이고,

12월은 일 년 중 열두 번째 달입니다.

많은 달에는 31일이 있습니다. 차례로 열세 번째부터 서른한 번째까지 서수를 말하는 것을 익혀 보세요.

| 정답 |

Comprehension Checkup Ⓐ **1.** b **2.** b **3.** c **4.** a Ⓑ **1.** F **2.** F

Vocabulary Focus Ⓐ **1.** b **2.** c **3.** d **4.** a

Ⓑ **1.** week **2.** year **3.** third **4.** eleventh

Grammar Focus **1.** There are **2.** There are **3.** There is

Summary weeks / days / months / twelfth / order

| 삽화 말풍선 문장 | p.140

① 1월은 1년의 첫 번째 달이야.

② 많은 달에는 31일이 있어.

| **Vocabulary** | p.141

- calendar 몡 달력
- set 몡 세트, 모음
- show 통 보여 주다
- week 몡 주
- month 몡 월, 달
- year 몡 해, 연도
- hang 통 걸다
- wall 몡 벽
- learn 통 배우다
- ordinal number 서수

| **Reading Focus** | p.141

- 달력은 무엇인가요?
- 일 년에 몇 개월이 있나요?

| 본문 그림 자료 | p.142

- Ordinal numbers from 13 to 31
  13부터 31까지의 서수

| 문제 정답 및 해석 | p.143

Comprehension Checkup

Ⓐ 가장 알맞은 답을 고르세요.

1. 본문은 주로 무엇에 관한 글입니까? [b]
   a. 달력의 다양한 용도
   b. 달력과 서수
   c. 일 년의 날짜 수

2. 화요일 다음에 어떤 요일이 옵니까? [b]
   a. 월요일
   b. 수요일
   c. 금요일

3. 9월 다음의 달은 무엇입니까? [c]

   a. 4월

   b. 7월

   c. 10월

4. 일 년 중 일곱 번째 달은 무엇입니까? [a]

   a. 7월

   b. 11월

   c. 3월

B 맞는 문장은 T를, 맞지 않는 문장은 F를 고르세요.

1. 4월은 일 년 중 다섯 번째 달입니다. [F]

2. 27일은 26일 전에 옵니다. [F]

Vocabulary Focus

A 다음 단어를 알맞은 뜻과 연결하세요.

1. 걸다 - - - - **b.** 어떤 물건의 맨 윗부분을 다른 것 위에 붙이다

2. 세트 - - - - **c.** 한데 속하는 비슷한 것들의 모음

3. 벽 - - - - **d.** 방이나 건물의 옆면 중 하나

4. 배우다 - - - - **a.** 공부를 통해서 지식이나 기술을 얻다

B 다음 빈칸에 알맞은 단어를 고르세요.

열한 번째의 / 해, 연도 / 세 번째의 / 주

1. 일주일에는 7일이 있습니다. [week]

2. 일 년에는 12개월이 있습니다. [year]

3. 3월은 일 년 중 세 번째 달입니다. [third]

4. 11월은 일 년 중 열한 번째 달입니다. [eleventh]

Grammar Focus

There is/are ~

There is + 단수 주어

There are + 복수 주어

There is/are ~는 '~이 있다'는 의미입니다. There is 다음에는 단수 명사가 오고 There are 다음에는 복수 명사가 옵니다.

알맞은 말을 고르세요.

1. 일주일에는 7일이 있습니다. [There are]

2. 일 년에는 12개월이 있습니다. [There are]

3. 소파 위에 한 남자가 있습니다. [There is]

Summary

본문을 요약하기 위해 빈칸에 알맞은 단어를 골라 채우세요.

열두 번째의 / 달 / 순서 / 주 / 날, 일

A calendar shows the days, weeks, and months of a particular year. There are 7 days in a week. There are 12 months in a year. January is the first month of the year, and December is the twelfth month of the year. Most months have 31 days. You should learn to say the ordinal numbers from thirteenth to thirty-first in order.

달력은 특정한 해의 날, 주, 그리고 월을 나타냅니다. 일주일에는 7일이 있습니다. 일 년에는 12개월이 있습니다. 1월은 일 년 중 첫 번째 달이고, 12월은 일 년 중 열두 번째 달입니다. 많은 달에는 31일이 있습니다. 여러분은 순서대로 열세 번째부터 서른한 번째까지 서수를 말하는 것을 배워야 합니다.

| 정답 |

Review Vocabulary Test

A 1. worried / 걱정하는 2. dot / 점 3. object / 대상, 물체 4. set / 세트

B 1. year 2. photograph 3. popular 4. hours

C 1. pass 2. paint 3. learn 4. wall 5. china 6. example

z	p	s	u	p	w	a	k
u	e	c	p	l	a	q	y
b	x	h	w	i	l	s	c
p	a	i	n	t	l	r	s
u	m	n	i	t	j	e	s
v	p	a	q	b	w	a	a
c	l	u	l	e	a	r	n
t	e	y	a	c	e	i	k

Review Grammar Test

A 1. are 2. himself 3. a 4. come

B 1. Thirty minutes is half an hour.

2. Will light fall here?

3. You can paint yourself in many different ways.

| 문제 정답 및 해석 |

Review Vocabulary Test

A 알맞은 단어와 우리말 뜻을 쓰세요.

1. 언짢거나 초조한   [worried / 걱정하는]

2. 작고 동그란 표시나 점   [dot / 점]

3. 볼 수 있고 만질 수 있는 것   [object / 대상, 물체]

4. 한데 속하는 비슷한 것들의 모음   [set / 세트]

B 다음 빈칸에 알맞은 단어를 고르세요.

시, 시간 / 인기 있는 / 년, 해 / 사진

1. 일 년에는 12개월이 있습니다.   [year]

2. 자화상은 꼭 사진처럼 보일 필요는 없습니다. [photograph]

3. 정물화는 17세기 이후 인기를 얻었습니다.   [popular]

4. 5:35에서 콜론의 왼쪽에 있는 숫자는 시를 알려 줍니다.

      [hours]

C 알맞은 단어를 쓰세요. 그 다음 퍼즐에서 그 단어들을 찾아 동그라미 하세요.

1. 지나가다, 흐르다   [pass]

2. 색깔을 사용하여 그림을 그리다   [paint]

3. 공부를 통해서 지식이나 기술을 얻다   [learn]

4. 방이나 건물의 옆면 중 하나   [wall]

5. 구운 점토로 만든 접시, 컵 등의 것   [china]

6. 설명을 돕기 위해 언급된 것   [example]

Review Grammar Test

A 알맞은 단어를 고르세요.

1. 일 년에는 열두 달이 있습니다.   [are]

2. 때로 화가는 자신의 초상화를 그립니다.   [himself]

3. 2개의 점 :은 콜론이라고 합니다.   [a]

4. 그들이 이곳으로 올 건가요?   [come]

B 밑줄 친 부분을 바르게 고친 다음 문장을 다시 쓰세요.

1. [Thirty minutes is half an hour.]
30분은 한 시간의 절반입니다.

2. [Will light fall here?]
빛이 여기로 떨어지게 될까요?

3. [You can paint yourself in many different ways.]
당신은 자신을 다양한 방식으로 그릴 수 있습니다.

미국교과서 READING Level 4 권별 리딩 주제

1권 4.1

1. Living Things
2. Plants
3. Plants
4. Animals
5. Basic Needs
6. Animal Diets and Eating Habits
7. Changes in Family Life
8. Changes in Communities
9. Jobs
10. Economics
11. Ancient Egypt
12. The Nile
13. Sayings
14. Sayings
15. Musical Instruments
16. Musical Instruments
17. Lines
18. Drawing
19. Ordinal Numbers
20. Fractions

2권 4.2

1. Habitats
2. Habitats
3. Earth
4. Minerals
5. Weathering
6. Natural Resources
7. Producing
8. Technology
9. Pioneers
10. Historical People
11. Ancient Civilizations
12. Ancient Civilizations
13. Classic Story
14. Classic Story
15. Orchestra
16. Symphony
17. Shapes
18. Portraits
19. Time
20. Money

3권 4.3

1. Weather
2. Weather
3. Seasons
4. Seasons
5. Sky
6. Planets
7. Leaders
8. The Capital of the U.S.
9. Taxes
10. The Independence of the U.S.
11. A Historical Figure
12. A Historical Figure
13. Classic Story
14. Classic Story
15. Orchestra
16. Ballet
17. Self-Portraits
18. Still Lifes
19. Time
20. Calendar